上海对外经贸大学金融著作丛书

教育部人文社科研究规划基金项目（17YJA630106）资助

复杂国际形势下"一带一路"投资贸易国别风险评估与保险应对研究

翁小丹　著

中国金融出版社

责任编辑：黄　羽
责任校对：刘　明
责任印制：丁淮宾

图书在版编目（CIP）数据

复杂国际形势下"一带一路"投资贸易国别风险评估与保险应对
研究/翁小丹著 . —北京：中国金融出版社，2020. 12
（上海对外经贸大学金融著作丛书）
ISBN 978 - 7 - 5220 - 0897 - 4

Ⅰ.①复…　Ⅱ.①翁…　Ⅲ.①"一带一路"—投资风险—研究
Ⅳ.①F125

中国版本图书馆 CIP 数据核字（2020）第 220934 号

复杂国际形势下"一带一路"投资贸易国别风险评估与保险应对研究
FUZA GUOJI XINGSHIXIA "YIDAI YILU" TOUZI MAOYI GUOBIE FENGXIAN
PINGGU YU BAOXIAN YINGDUI YANJIU

出版
发行　中国金融出版社

社址　北京市丰台区益泽路 2 号
市场开发部　（010）66024766，63805472，63439533（传真）
网 上 书 店　http://www.chinafph.com
　　　　　　　（010）66024766，63372837（传真）
读者服务部　（010）66070833，62568380
邮编　100071
经销　新华书店
印刷　北京市松源印刷有限公司
尺寸　169 毫米×239 毫米
印张　15. 25
字数　186 千
版次　2020 年 12 月第 1 版
印次　2020 年 12 月第 1 次印刷
定价　48. 00 元
ISBN 978 - 7 - 5220 - 0897 - 4
如出现印装错误本社负责调换　联系电话　（010）63263947

总　序

　　金融是现代经济的核心，而上海建立国际金融中心又是重要的国家战略，从这个意义上来说，在上海从事金融研究工作的专家是处于"中心"中的"中心"，得天时、地利、人和之便。《上海对外经贸大学金融著作丛书》的出版，正是此天时、地利、人和的产物，可喜可贺。

　　金融发展的重要性，怎么强调都不过分。金融是资源配置的先导，现代市场经济之间的竞争，在很大程度上就是金融的竞争。因此，过去20年来，上海对外经贸大学一直将金融学科列为重点发展的领域。这不仅体现了学校的战略眼光，更体现了时代发展的要求。

　　上海对外经贸大学作为我国对外经贸人才成长的摇篮，始终秉持"诚信、宽容、博学、务实"的校训精神，把改革作为学校发展的强大动力，在人才培养、科学研究、社会服务和文化传承创新等方面不断取得新的突破；始终坚持"以学生为本、以学术为魂"的办学理念，坚持将学科建设聚焦国际前沿、对接社会需求，以贡献求支持、以服务促发展，坚持将"创新、协调、绿色、开放、共享"的发展理念贯穿于学校改革发展的各项工作中，深化教育综合改革，认真谋划和扎实推动

"十三五"期间学校改革创新转型发展各项工作，全面落实党的教育方针，切实担负起立德树人的根本使命，坚定不移地推动学校建设成为高水平、国际化、特色鲜明的应用研究型大学。

近年来，学校紧密围绕国家和上海的迫切需求，主动对接上海"四个中心"、上海自贸区、国家"一带一路"以及全球科创中心等重大战略，着力破除制约学校发展目标实现的思想障碍和制度藩篱，形成多方参与、多元投入并与社会有机互动的办学机制，逐步构建院校协同发展、学术权力与行政权力相互支撑、充满活力的大学内部治理结构。其中一个重要的目标就是建立学术研究与决策咨询研究双轨并行、教学与科研协同发展的体制机制，为学科建设和学术研究夯实制度基础。学校鼓励各教研部门根据所属学科专业特点与定位目标，明确科研方向，制定各具特色的科研内容与方式。学校主动适应转型发展需要，打破传统的科研与教学相互分离局面，强化教学科研均衡发展意识，建立教学、科研、社会实践深度融合的体制机制，协调制定适应转型发展要求的制度体系，引导科研价值取向更加符合学校定位目标与社会发展需要。

上海对外经贸大学金融学科的高速发展正体现了学校的这种发展思路。金融学院于1995年建院，迄今已逾20年，是一所既年轻又具有一定历史沉淀的学院。近年来，学院的发展更是速度惊人，学院的科研积极性得到空前的提升，科研成果不断涌现。学院学术研究与决策咨询等多种类型的研究实现良性互动，既提升了学术水平，又服务了国家战略，可谓一箭双雕，成效显著。更可喜的是，在这一过程中，一大批年轻学者迅速成长起来，成为国内金融学界的翘楚。本套丛书正是他们成长过程的见证。

《上海对外经贸大学金融著作丛书》既展示了我校近年来中青年金

融学人的主要学术成果，也彰显了我校的金融学科优势、学术研究特色和学术研究能力。从选题来看，本套丛书不仅较好地契合国家全面改革开放战略，而且紧密对接上海自贸区建设和上海国际金融中心建设的新需要；从内容来看，本套丛书既密切追踪当今国际金融领域出现的新现象、新问题和新趋势，又深入研究国内金融领域进一步改革开放中的热点难点问题，具有专业性、学术性、实践性和前沿性等特点。

本套丛书的出版对于进一步推动我校学科建设和学术研究工作无疑具有重要的意义，希望能够激励更多的金融学人竞相迸发出更加强大的学术热情和创新动力，为我校早日建成高水平、国际化、特色鲜明的应用研究型大学贡献力量。同时，也期待更好更多的学术成果不断涌现，为金融学院的发展继续谱写全新的篇章。

孙海鸣

2015 年 12 月 1 日于松江大学城

序

习近平主席提出的"一带一路"倡议是我国参与全球开放合作、改善全球经济治理体系、促进全球共同发展繁荣、推动构建人类命运共同体的中国方案，也是更好地团结发展中国家、抵御外部风险、促进世界稳定的伟大创举。它是一项系统性工程，是基于沿线各国政治、经济、文化等发展需求的宏大愿景，但在推进实施过程中面临各种风险和挑战。因此，有必要将风险管理嵌入"一带一路"倡议，特别是当前新冠肺炎疫情全球蔓延势头尚未得到有效控制，中国对外投资、贸易与经济发展的外部环境发生巨变，单边主义、保护主义抬头，经济全球化遭遇波折，中国企业特别是外向型企业面临很大的不确定性，这对"一带一路"建设带来新的挑战。其中，东道国的国家风险是海外投资、贸易必须直面的风险，因此加强"一带一路"建设风险管理研究显得尤为重要。

在国家风险评估领域，西方世界一直占据主导地位，对世界信用评级市场也缺乏有效监管，而国内不少相关研究仍然沿用西方学术话语体系。针对外部世界发展环境与国别风险的变化，当前我国亟须学术界提供更多科学合理的分析评估和预测报告作为实践指南。值得欣慰的是，本书在这方面进行了一些开创性的实践探索，包括依据调研和最新数据资料进行全球新冠肺炎疫情影响下的实证分析和健康丝绸之路建设的现实路径、方法及保险技术运用研究等。此外，本书在理论方面梳理了中国特色社会主义政治经济学，对基础理论如共生效应与投资、贸易效率等开展综合研究，明确提出相关理论的应用价值和现实指导意义。

概言之，本书主要有以下几个方面的特色：

第一，采用理论探索与实证研究、比较分析与调查研究相结合的综合研究方法，以风险管理与保险、国际贸易与投资等多学科理论为基础，探究中国"一带一路"风险管理与保险理论。同时，比较国内外国别风险评价方法和指标，结合国内有关实践，分析"一带一路"国别风险，并试图提供直观动态的观测应用。

第二，采用背景分析与模型推导相结合的研究方法，通过深入分析国际形势的复杂变化，结合世界银行等中立机构的相关指标，对照实证建模分析结果，调整观测投资、贸易国别风险评价有关指标，设计风险分解、转化和预防机制，并提供保险运作方案和技术。

第三，主要从理论探究、逻辑分析、数据论证和实践检验四个方面对"一带一路"国别风险识别与评价、我国投资贸易发展相关影响因素等进行系统分析，研究成果既具理论前沿性和指导性，又具有实践针对性和可行性，可以为有关政府机构和企事业单位提供决策参考。

2020 年 9 月 17 日

前　言

　　"一带一路"倡议不仅推动我国经济转型升级发展和提高国际影响力，也为众多参与国带来优势互补、开放发展的新机遇。由于它涉及世界大多数国家、人口，贯穿亚、欧、非大陆，且需要持续十年以上的时间，在当今世界发展分化、错综复杂的形势下，动荡的国际市场、不稳定的多边贸易关系，使这项工程自始就面临着各种风险和挑战。它既是一桩宏伟工程，又是一项风险管理活动。因此，风险管理为"一带一路"建设发展的基础和必需条件。本书探究"一带一路"投资、贸易风险管理，理论上，在中国特色社会主义政治经济学、共生效应理论与投资贸易效率、"一带一路"风险管理与保险等方面做了重点梳理；在实践方面，识别、分析中国企业"一带一路"投资、贸易面临的主要风险；分类估测国别风险和主要沿线国家的贸易潜力与贸易风险；采集最新数据对全球新冠肺炎疫情影响下的"一带一路"投资、贸易风险进行评估、动态观测风险；最后，提供风险管理和现代保险技术与工具，以助防范、化解风险。

　　概言之，本书比较系统地从风险识别、评估、处置与保险工具应用等技术环节展开；注重理论联系实际，贯穿定性基础上的定量和多维度的实证分析；紧密跟踪国内外经济社会形势和突发公共卫生重大事件引起的复杂变化进行国别风险应对技术研究；对策上既有现实路径，也具有方法措施，还收集整理了相关动态数据和最新资料，以供企业、政府决策参考，精准施策。

全书共分为十一章，研究员薛润芝参与了第七章、第八章、第十章的撰稿；吴昊、成海晋在第二章、第三章文献资料整理方面做了基础工作。非常感谢课题研究和出版过程中提供支持帮助的何欢浪、应尚军等同事和各界朋友，同时一并致谢中国金融出版社张铁、黄羽老师以及为该书出版付出辛勤劳动的工作人员。

翁小丹

2020 年 8 月 29 日于上海

目　录

第 1 章
绪　论

1.1　"一带一路"倡议

"一带一路"（The Belt and Road，B&R）是"丝绸之路经济带和 21 世纪海上丝绸之路"（The Silk Road Economic Belt and the 21st – Century Maritime Silk Road）的简称。它是中国国家主席习近平在 2013 年 9 月和 10 月访问中亚四国和印度尼西亚时，分别提出的建设"丝绸之路经济带"和"21 世纪海上丝绸之路"构想。2015 年 3 月在海南博鳌亚洲论坛上，国家发展改革委、外交部和商务部联合发布了《推动共建丝绸之路经济带和 21 世纪海上丝绸之路的愿景与行动》，标志着对中国乃至世界发展将产生历史性影响的"一带一路"倡议进入全面推进建设阶段。

"一带一路"贯穿亚洲、欧洲、非洲大陆，会员覆盖 136 个国家或地区，陆上依托国际大通道，海上以重点港口为节点。"丝绸之路经济带"是中国与西亚各国之间形成的一个在经济合作区域，大致在古丝绸之路范围之上；"21 世纪海上丝绸之路"则是以点带线、以线带面，串起连通东盟、南亚、西亚、北非、欧洲等各大经济板块的市场链，发展面向南海、太平洋和印度洋的合作经济带。"一带一路"旨在促进经济要素有序自由流动、资源高效配置和市场深度融合，推动开展更大范围、更高水平、更深层次的区域合作，共同打造开放、包容、均衡、普惠的区域经济合作架构（国家发展改革委等，2015）。

截至 2019 年 10 月，共有 150 多个国家和国际组织积极支持和参与"一带一路"建设。中国同 126 个国家和 29 个国际组织签署了共建"一带一路"的合作协议。中国正与"一带一路"沿线国家通过政策沟通、设施联通、贸易畅通、资金融通、民心相通的"互通互联"，逐步实现以工业产能合作为主的涵盖其他各个方面的更广、更深层面的区域经济合作，从而促进"一带一路"沿线国家经济发展、社会稳定，这对世界经济发展均起到重要的推进作用。

1.2 研究背景、意义

"一带一路"倡议是由我国高层提出和推动的，对我国现代化建设和国际影响力提升具有深远的战略意义，构建新的国际合作平台，为沿线国家优势互补、开放发展带来崭新的机遇。尤其我国在 2015 年《推动共建丝绸之路经济带和 21 世纪上海丝绸之路的愿景与行动》中指出："一带一路"倡议旨在要素流动、资源配置、市场融合与政策协调等方面与沿线国展开更为广泛、更为彻底的区域合作。明确该建设能够在产能合作、基础设施以及经济联动等方面为参与各国带来福音，也有利于促进人类命运共同体建设，得到沿线国和世界其他国家的广泛关注。

"一带一路"倡议的实施不仅进一步促进中国对外开放，并且也能缓解国内东部、西部开放不平衡，企业产能过剩等难题；不仅对国内企业寻求海外投资、贸易具有积极推动作用，而且对于东道国经济的健康平稳发展也存在积极影响。但由于它涉及世界大多数国家、人口，贯穿亚欧非大陆、需要持续 10 年以上时间，尤其沿线多数国家、地区政治、商业风险整体较高，经济社会发展相对落后，在当今世界发展分化、错综复杂的形势下，动荡的国际市场、不稳定的多边贸易关系均使这项工程自始就面临极大的风险和挑战。

从全球大背景看，首先在现有的国际经贸体系中，零和博弈思想存在于西方霸权思维当中。这种认识观点体现在国际政治经济合作中，只有"胜利者"和"失败者"，不承认合作共赢的存在，也不存在平等互惠。众多发展中国家以及处于国际分工下游国家的权益时常受到侵害，以美国为首的西方发达国家成为当前经贸体系的受益人，因而改革"二战"以来形成的现有国际经贸体系，营造公平公正的国际经贸新秩序的呼声越来越强烈。中国政府推进的"一带一路"倡议以人类命运共同体为理念，推行平等互惠的国际合作新模式，进一步加快改革现有国际经贸体系、促进符合各国利益的国际经贸新秩序的形成。其次，随着"一带一路"倡议的进一步实施，争议与问题也随之产生。主要表现在以下两个方面：第一，认为中国政府大力倡导的"一带一路"类似于美国政府在"冷战"初期推出的"马歇尔计划"，认为"一带一路"倡议是中国崛起进程中以经济手段实现其对外政策的工具，并且通过助力"一带一路"沿线各国的基础设施等方面的建设从而提高北京在"一带一路"沿线国家的话语权；第二，2017 年美国总统特朗普任职以来推行的"美国优先"政策，单边主义、霸权主义正危害着全球经济发展大环境，对构建合理的国际经贸体系产生了消极的影响。特朗普政府发起的"贸易战"，使得国际贸易保护主义与单边主义抬头，中国对外投资、贸易与经济发展正面临着外部环境的巨变，"一带一路"建设在复杂的国际地缘政治格局中需要继续前进。

从局部地域形势看，除了世界政治经济形势动荡多变的背景，中国企业主要面临的一些东道国国家风险也十分严峻。沿线国家大部分是发展中、低收入国家，从地缘政治角度来看，部分地区存在的问题复杂而又敏感，恐怖主义、宗教信仰等问题尤为突出，经济发展环境不佳，许多地区基础设施建设滞后，并非企业投资、贸易理想的安全土壤。如火如荼的中国海外直接投资面对的是复杂的地缘政治格局和复杂风险，中国企业海外投资屡遭违约多源于东道国的法律、政治及政府监管的特殊规定和限制。通过分析中国企业对外直接投资失败案例发现，近八成原因归结于东道国国家风险。

从国内现实看，我国作为"一带一路"建设的倡导和践行者，积极推动对外投资和贸易。而随着建设推进带来的大量国际贸易、国际借贷和跨国投资业务，又使国内某些地方政府和企业急忙入市，轻视甚至忽略投资贸易风险，终究遭遇巨额损失或不利的结果。一些企业虽然海外投资意愿强烈，但由于自身风控意识不足，没有一个合理合规的风险管控部门，对外界环境也认识不清。有的企业以往也是参考了众多西方评级机构的评级意见，自身评判意识、风险控制能力较弱，进一步发展受制于人。改革开放40多年来，中国经济飞速发展，已是第二大经济体的中国在全球地位与话语权不断提升。具有高效率的民营企业快速成长，受国内劳动力价格上升、环境压力等因素，中国企业不断地寻求技术突破、拓展海外市场。与此同时中国正积极参与主导国际金融体系，随着"一带一路"战略构想的推进、丝路基金与亚洲基础设施投资银行的筹备成立，中国企业对外投资扩张不断攀升，越来越多的企业占据了全球价值链的高端、积聚了高端要素，一段时间内，中国对外直接投资还将不断增长。随着国家"一带一路"倡议全面推进，在我国对外投资、贸易快速发展的同时，各种风险事件也相继发生，尤其近几年，我国企业更多地加入国际投资、贸易的竞争合作，摩擦频繁增加，中国企业加强风险管理体系建设尤具迫切性。

综上所述，"一带一路"建设既是一桩宏伟工程，又是一项风险管理活动。管控风险为建设发展的基础和必要条件，管控风险的前提必须识别风险、正确评估预测风险，寻找对应风险管理方法。纵观国际贸易、跨国投资等业务决策过程，至少需要两个步骤：第一，对客户进行信用风险评级；第二，评估客户所在国家的国别风险。相比单个风险，国别风险更为重要，因为沿线国家整体风险较高且各有不同的主要风险因素。尽管世界范围内的国家风险研究早已被学界及实务界关注，还有国际权威杂志、商业机构设计各种指标对全世界 140 多个国家进行投资风险评估。但中国亟须一套符合自身投资贸易的风险指南和工具，在海外投资指引方面为企业发展提供合理的参考，摆脱完全依靠西方评级观点的处境。值得注意的是，以往中国学术机构和智库对国家风险的研究和评估、预测也多沿用西方标准，而当今世界，尤其是新冠肺炎全球蔓延以来，国际政治经济形势发生剧烈变化，对中国企业乃至各级政府机构来说，亟须更多的、科学合理的外部世界发展环境及其风险变化的研究和评估、预测报告作为实践的参考和指南。迄今为止，符合中国国情的、针对"一带一路"参与国投资、贸易国别风险的综合评估，特别是结合保险工具应用的研究成果仍不多见，而推进"一带一路"必须探寻风险转化、管控机制和工具。事实上，保险作为转化风险的有效手段和融资工具，同时具备"我为人人、人人为我"的互助机理，为国际通用的、柔性有效的经济制度，它既可在全球范围内广泛分散风险，为"一带一路"建设的稳健推进建立良好的安全保障机制，又能提升我国保险的国际地位和专业能力。

本书的具体意义可归为：在理论方面，有利于丰富中国"一带一路"风险管理与保险理论、投资贸易均衡发展理论等；在实践方面，测算中国投资、贸易风险暴露度和脆弱性，以作为企业、政府决策参考；多维度分类分析国别风险和主要沿线国家投资、贸易的多因素影响及其作用方式，以利于有的放矢地解决投资、贸易分歧；对沿线国的投资贸易风险数据进行实证分析、提供国别风险雷达图等，便于动态直观风险、精准决策；提供现代保险风险管理技术与工具，有效防范和化解风险，规避损失。

1.3　研究框架、方法

本书试图在专业调查、梳理相关理论文献、实证分析基础上，重点对"一带一路"投资贸易国别风险进行综合研究，探索从国家和企业视角的系统性、综合性风险管理及保险技术研究，设计包容性风险规避、转化机制，提供保险运作方案和技术工具。研究框架如图 1-1 所示。

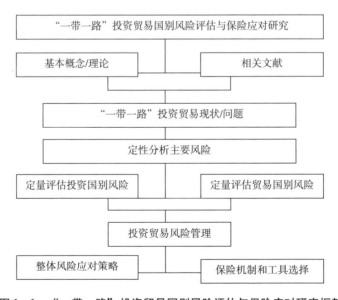

图 1-1　"一带一路"投资贸易国别风险评估与保险应对研究框架

在方法上，主要运用管理学、经济学、保险学、统计学等相关理论对"一带一路"实践中面临的投资贸易国别风险展开研究，可概括为定性基础上的定量、实证辅佐比较分析的集成研究方法。

第一，采用理论探索与实证研究相结合、比较分析与调查研究相结合的综合研究方法。以风险管理与保险、国际贸易与投资等多学科理论为基础，探究中国"一带一路"风险管理与保险理论；比较国内外国别风险评价方法和指标，结合国内有关实践，刻画"一带一路"国别风险域分布，并提供直观动态观测应用。

第二，结合背景分析与模型推导的方法。通过进一步对复杂国际形势背景的分析，结合已有相关评价指标，对照实证建模分析结果，调整观测投资、贸易国别风险评价有关指标，设计风险分解、转化、预防机制，提供保险运作方案和技术。

第三，从"理论探究、逻辑分析、数据论证、实践检验"四个主要方面对"一带一路"国别风险识别与评价、我国投资贸易发展相关影响因素等进行系统分析，以作为国家政府、企业有关决策的参考。在与实践紧密结合的基础上，使研究成果既具理论前沿性、指导性，又具实务针对性、可行性。

第 2 章
"一带一路"的历史与现代意义

国家主席习近平在 2017 年"一带一路"国际合作高峰论坛开幕式上所做"携手推进'一带一路'建设"的演讲中指出:"古丝绸之路绵亘万里,延续千年,积淀了以和平合作、开放包容、互学互鉴、互利共赢为核心的丝路精神。这是人类文明的宝贵遗产。"

英国历史学家彼得·弗兰科潘在《丝绸之路:一部全新的世界史》中概括:"丝绸之路曾经塑造了过去的世界,甚至塑造了当今的世界,也将塑造未来的世界。"作为和平、繁荣、开放、创新、文明之路,"一带一路"必将会行稳致远,惠及天下。[①]

2.1 古代丝绸之路的兴衰

丝绸之路(The Silk Road),简称丝路,起始于古代中国,是连接亚洲、非洲和欧洲的古代陆上商业贸易路线,起初是为了运输古代中国出产的丝绸、瓷器等商品,后来成为东方与西方在经济、政治、文化等

---

① 陈积敏. 正确认识"一带一路"[EB/OL]. (2018 - 02 - 26) https://www. people. com. cn.

诸多方面进行交流的主要道路。

1877 年，德国地质地理学家李希霍芬在其著作《中国》中，把"从公元前 114 年至公元 127 年间，中国与中亚、中国与印度间以丝绸贸易为媒介的这条西域交通道路"命名为"丝绸之路"，这一名词很快被学术界和大众所接受，并正式运用。其后，德国历史学家郝尔曼在 20 世纪初出版的《中国与叙利亚之间的古代丝绸之路》中，根据新发现的文物考古资料，进一步把丝绸之路延伸到地中海西岸和小亚细亚，确定了丝绸之路的基本内涵。随着商贸发展，丝路又分为陆上丝绸之路和海上丝绸之路。

陆上丝绸之路起源于西汉。建元二年（公元前 139 年），汉武帝派张骞率领 100 余人出使西域开辟了以首都长安（今西安）为起点，经甘肃、新疆，到中亚、西亚，并连接地中海各国的陆上通道。史学家司马迁称张骞此行为"凿空"之旅。它最初的作用是运输中国古代出产的丝绸。

海上丝绸之路是古代中国与外国交通贸易和文化交往的海上通道，该路主要以南海为中心，所以又称南海丝绸之路。海上丝绸之路形成于秦汉时期，发展于三国至隋朝时期，繁荣于唐宋时期，转变于明清时期，是已知的最为古老的海上航线。

表 2 –1　　　　　　　　　　　　丝绸之路兴衰

古丝绸之路的兴衰	汉代：陆路为主；海陆发端
	隋唐：海陆并举，全面繁荣
	宋代：海路为主，陆路中断
	元明清：陆路一度恢复，海陆再度繁荣并走向衰落

从公元前 2 世纪起，汉代中国加大了对西域的经营力度，并逐渐与贵霜、安息、罗马等帝国发生直接或间接的人员和贸易联系。在汉代，中部绿洲之路发挥着更为重要的主导性作用。自东往西，这一路线的主

要走向是从长安出发，经河西走廊至玉门、敦煌，由疏勒越葱岭后经大月氏和安息至地中海东岸，即狭义上的"丝绸之路"①。穿过山脉、沙漠和绿洲，同样的欧亚内陆交通干线此后又将隋唐、萨珊波斯、拜占庭等帝国及其相邻的突厥等游牧民族相连接。

在丝绸之路的西端，自伊斯兰教兴起以后，阿拉伯人不断开疆拓土，极大地改变了西亚、北非、中亚、南欧的地缘政治版图。通过战争，阿拉伯人在很短的时间内就征服了萨珊波斯，并占领了拜占庭帝国地中海东岸和北非的大片领土，从而切断了拜占庭通往东方的贸易路线。由于阿拉伯人先后建立的倭马亚王朝（"白衣大食"）和阿拔斯王朝（"黑衣大食"）都是横跨欧亚非大陆的强大帝国，大食帝国成为了丝绸之路西端的实际主导者。

西汉的陆上丝绸之路走向兴盛的主要原因是：汉朝积极的对外政策；丝路沿线的国际参与；两汉经济发展，丝织业发达；西方对丝绸的旺盛需求。

唐代中国与大食帝国的交通往来，据贞元年间的宰相贾耽记载，主要借由"安西入西域道"和"广州通海夷道"两条路线。前者从长安经河西走廊，沿天山南麓西行过葱岭，再由中亚怛罗斯西进，可以经波斯到达大食的首都缚达（即今巴格达）。据9世纪晚期的阿拉伯地理名著《道里邦国志》记载，沟通中国与阿拉伯世界的陆上通道即著名的"呼罗珊大道"，从巴格达向东北延伸，经哈马丹、木鹿、布哈拉、撒马尔罕、锡尔河流域等丝绸之路上的著名驿站抵达中国边境。后者（"广州通海夷道"）自广州出发沿海岸而行，经南海、马六甲海峡、孟加拉湾、阿拉伯海，到波斯湾，再由两河口上溯至大食都城缚达。这两

---

① 邹磊. 中国"一带一路"战略的政治经济学［M］. 上海：上海人民出版社，2015.

条路线也大致是古代海陆丝绸之路的主要干线。

在唐代，长安与缚达是举世瞩目的国际性大都市。由两地对外辐射，串联起了唐朝与大食两大帝国之间广袤土地上一系列的陆上驿站和城市。在盛唐时期，天山南北各绿洲城镇市场日益兴旺，西州、伊州、庭州商胡杂居，贸易往来频繁，安西四镇成为了重要的商业城镇。敦煌、吐鲁番、喀什、费尔干纳、撒马尔罕、布哈拉等城市由于成为了陆上丝绸之路的重要中转地而繁荣一时。中亚地区的康、安、米、何、史、石、曹国人来到唐朝，以善于经商著称，在沟通中原与西方的经济、文化交流方面有较大影响。

唐代中后期与宋元海上丝绸之路同样发达，中国、东南亚、南亚、西亚地区诸多国际港口繁荣兴盛。就中国而言，从唐代开始，广州、扬州等地就已经是高度国际化的贸易中心，聚集了大量贩售珠宝、犀象、香药的大食和波斯商人。成书于 9 世纪中后期的阿拉伯著作《中国印度见闻录》记载："广府是船舶的商埠，是阿拉伯货物和中国货物的集散地"，广州是"阿拉伯商人荟萃的地方"。自隋朝开通南北大运河以后，扬州地处南北大运河与长江入海口交汇处，在唐代扬州成为南北漕运中转大港和南北物资集散中心，成为海上丝绸之路与中国内地广大地区联系的枢纽。

宋代的海上贸易已成为当时国家财政的重要来源，官方更为积极经营贸易港。继唐朝在广州设市舶司后，宋廷又陆续在杭州、明州（今宁波）、泉州、密州（今胶州）、温州、秀州（今上海松江）、江阴、上海设置。宋代海外贸易主要面向东南亚、西亚等地，国内最重要的市舶司在广州与泉州。在北宋时期，广州在各贸易港中大体上居于首位①。

南宋定都临安后，靠近政治中心的泉州快速发展，到南宋末年已取

---

① 黄纯艳. 宋代海外贸易 [M]. 北京：社会科学文献出版社，2003.

代广州成为中国最大的贸易港，也是东方第一大港。据记载，当时的泉州已是"蕃货远物异宝奇玩之所渊薮，殊方别域富商巨贾之所窟宅，号为天下最"。迄于元末，泉州始终是中国对外贸易的第一大商埠，马可·波罗来时曾亲眼目睹泉州港的盛况，即"大量商人云集于此，货物堆积如山，实在令人难以置信"。海路运输比之陆上运输，不仅安全、安稳，载量也大得多①。

在海舶极盛的宋代"广州通海夷道"上，三佛齐（唐称室利佛逝，今印度尼西亚苏门答腊）和故临（今印度奎隆）是中国与阿拉伯地区之间最重要的两个贸易中转站。与此同时，"中国舶商，欲往大食，必自故临易小舟而往"。可以说，故临和三佛齐是中国通往东南亚、南亚、西亚乃至非洲的海上中转站，也是宋元海上丝绸之路得以繁荣发展的重要媒介。故临不仅是中国和阿拉伯地区之间的贸易纽带，也是从三佛齐至大食之间的必经之路。当时的大食诸国对开展与中国等地的东方贸易亦表现出了极大的热情。这不仅与穆斯林善于经商的传统密切相关，也与十字军东征、塞尔柱突厥人兴起所造成的西亚地区社会动荡和财政困难息息相关。可以说，无论是在中国还是大食诸国，海上丝路贸易都已成为当时缓解本国财政紧张的重要途径。因此，在海上丝绸之路的另一端，一些著名的贸易港口也得以长期繁荣，如伊拉克的巴士拉（末罗）、也门的亚丁（三兰）、阿曼的苏哈尔（没巽）等，都是当时波斯湾地区重要的海上贸易枢纽。可以说，这些以海洋贸易为主要财富来源的阿拉伯城市的繁荣，也正体现了海上丝绸之路对于西亚地区的重要意义。

海陆丝绸之路兴替是相辅相成的。海上丝绸之路研究的权威陈炎先生指出："陆上丝路的衰落和海上丝路的兴起，两者有着密切的关系，

---

① 何芳川. 中外文化交流史［M］. 北京：国际文化出版公司，2007.

是相辅相成，互相交替的"①。由于西北边境长期不宁，使北宋虽有陆路可以西行，仍偏重于由海道与西方各国交往。

古代丝绸之路的发展，以唐代中期"安史之乱"为分水岭，大致呈现出陆路衰落、海路发达的历史性兴替。在此之前，自汉代以来开始经营的陆上丝绸之路逐渐进入空前的繁荣时期。长安与缚达成为了盛唐时代丝绸之路两端最重要的世界性大都市，从大食、波斯经中亚、西域进入中原的陆上通道成为了最具活力的国际性贸易走廊。然而，在此之后，由于西北陆路长期受阻，以及中国经济重心南移，海路逐渐受到重视，并在宋、元时代以及明前期始终保持兴盛。尽管蒙古帝国建立后，从中国一直向西延伸到中亚、西亚乃至欧洲的陆上通道一度复兴，但随着帝国的瓦解而又陷于没落。明朝永乐之后，中国在西北方向采取守势，退入嘉峪关自保，陆上丝绸之路彻底衰落。

唐中期以后，海上丝绸之路逐渐兴起，并在宋元时代和明前期得到了空前的发展。由于西北边境长期不宁，使北宋虽有陆路可以西行，仍偏重于由海道与西方各国交往，天圣元年（1023 年）曾诏大食"自今取海路，由广州至京师"。到南宋时，由陆路通往西域的道路被完全阻断，"诸蕃惟市舶仅通"。顾炎武后来亦指出："南渡以后，经纲困乏，一切倚办海舶"。元代，尽管西北陆路和东南海路始终并存，但陆路丝绸之路的重要性和繁荣度已远不可与盛唐时代相比，而海上丝绸之路在沟通中国与西亚往来中的地位则得到了进一步强化，海上丝绸之路也更加受到重视。同时，公元 750 年阿拔斯王朝（"黑衣大食"）建立后全力加强海上交通，其都城缚达（今巴格达）由陆上丝路西端的陆路交通中心成为海路交通中心，这种转变也正契合了中国自唐中期以后海陆

① 陈炎. 海上丝绸之路与中外文化交流［M］. 北京：北京大学出版社，1996.

丝路兴替的历史趋势。

古代丝绸之路兴衰与政治局势的转换有关。海陆丝绸之路的历史性兴替，既与特定政治局势的转换息息相关，也是由中国经济重心南移、陆上贸易的内在局限以及中国的海上优势等一系列因素所共同促成的。伴随着唐朝中期以后西北政治局势的长期动荡，中国的经济重心也逐渐南移，东南沿海省份成为了国家最重要的税收来源地。

除了国内政治经济结构性因素变化之外，古代陆上丝绸之路还具有难以克服的内在局限性：第一，陆上丝绸之路对于沿途各国政治局势的变动极其敏感，往往某一国内部发生政治动荡，就会影响整条丝路的通畅；第二，陆上丝绸之路容易受到自然条件的限制，大多数时间要穿越崇山峻岭与戈壁沙漠等极其艰苦的区域，从而使陆上远程贸易存在着运量小、时间长、成本高和安全性低等一系列问题。相较之下，海路的优势就显得极为明显。一方面，古代海洋世界尽管也不时受到海盗的袭扰，但真正能够大规模干扰海上运输通畅的政治、军事力量却并不存在；另一方面，海路也不像陆路那样容易受到沿途国家政治局势溢出效应的影响，海上航行可以选择性地绕过政治局势动荡的国家。更为关键的是，相较于驼队，海舶运输具有时间短、运量大、成本低、更安全等优点。因此，海运更适合于大规模的贸易往来，而陆上丝绸之路的衰落在某种程度上也是由于它已无法承载当时急剧增加的中国与西亚之间的贸易规模。

伴随着明中后期与清代对海洋贸易的有限开放、伊斯兰世界的长期动荡，以及西方世界称霸海洋、殖民主义政治秩序的全球扩展等一系列历史进程的展开，连接中国与东南亚、印度、西亚和非洲等地区的海上丝绸之路逐渐陷于衰落，并长期消失在历史的视野中。

概言之，海陆丝绸之路的历史性兴替，既与特定政治局势的转换息息相关，也是由中国经济重心南移、陆上贸易的内在局限以及中国的海上优势等一系列因素所共同促成的。

2.2 "一带一路"沿线六大经济走廊布局

古丝绸之路,延续千年,是中华民族文明发展之路,也是世界经贸联通之路。新时代的中国,正进一步改革开放,走民族复兴之路,"一带一路"建设为其重要途径和内容。

2.2.1 "一带一路"建设顶层设计框架

"一带一路"沿线国家大多是新兴经济体和发展中国家,总人口约44亿人,占全球人口的63%,经济总量超过21万亿美元,占世界比重的1/3左右。其中,"丝绸之路经济带"周边国家的经济总量为6万亿美元,人口接近20亿人,主要包括俄罗斯、印度、蒙古国、哈萨克斯坦等东欧和亚洲国家;21世纪海上丝绸之路的周边国家经济总量为5万亿美元,人口接近13亿人,主要包括印度尼西亚、沙特阿拉伯、埃及等亚洲和非洲国家。从人均GDP来看,涉及的国家占世界人均水平的48%。

"丝绸之路经济带"和"海上丝绸之路经济带"较早涉及的有65个国家和地区,涵盖东亚、东盟、西亚、南亚、中亚、独联体、中东欧等国家和地区,它们分别是:蒙古国、新加坡、马来西亚、印度尼西亚、缅甸、泰国、老挝、柬埔寨、越南、文莱、菲律宾、伊朗、伊拉克、土耳其、叙利亚、约旦、黎巴嫩、以色列、巴勒斯坦、沙特阿拉伯、也门、阿曼、阿联酋、卡塔尔、科威特、巴林、印度、巴基斯坦、孟加拉、斯里兰卡、马尔代夫、尼泊尔、不丹、阿富汗、哈萨克斯坦、乌兹别克斯坦、土库曼斯坦、塔吉克斯坦、吉尔吉斯斯坦、俄罗斯、乌克兰、白俄罗斯、格鲁吉亚、阿塞拜疆、亚美尼亚、摩尔多瓦、波兰、立陶宛、爱沙尼亚、拉脱维亚、捷克、斯洛伐克、匈牙利、克罗地亚、波黑、黑山、塞尔维亚、阿尔巴尼亚、罗马尼亚、保加利亚、北马其顿、斯洛文尼亚、希腊、塞浦路斯和埃及。

依据推进"一带一路"建设工作领导小组办公室发布的《共建"一带一路"：理念、实践与中国的贡献》（2017 年 5 月 10 日）中"一带一路"的顶层框架设计。

（1）五大方向。其中包括"丝绸之路经济带"三大走向和"21 世纪海上丝绸之路"两大走向。前者包括从中国西北、东北经中亚、俄罗斯至欧洲、波罗的海，从中国西北经中亚、西亚至波斯湾、地中海，从中国西南经中南半岛至印度洋。后者则是从中国沿海港口过南海，经马六甲海峡到印度洋，延伸至欧洲；从中国沿海港口过南海，向南太平洋延伸。

（2）六大经济走廊。"六廊"即新亚欧大陆桥、中蒙俄、中国—中亚—西亚、中国—中南半岛、中巴、孟中印缅经济走廊。

（3）"六路"包括公路、铁路、航运、航空、管道、空间综合信息网络，是基础设施互联互通的主要内容。

（4）"多国""多港"。"多国"指一批先期合作国家，争取示范效应，体现合作成果；"多港"指共建一批重要港口和节点城市，繁荣海上合作。

2.2.2 "一带一路"沿线六大经济走廊

经济走廊是"一带一路"建设的重要依托，建设六条经济走廊是"一带一路"的关键工程。根据我国 2015 年 3 月底公布的《推动共建丝绸之路经济带和 21 世纪海上丝绸之路的愿景与行动》，在其"框架思路"中提出，根据"一带一路"走向，陆上依托国际大通道，以沿线中心城市为支撑，以重点经贸产业园区为合作平台，共同打造新亚欧

大陆桥、中蒙俄、中国—中亚—西亚、中国—中南半岛等国际经济合作
走廊；海上以重点港口为节点，共同建设通畅安全高效的运输大通道。
中巴、孟中印缅两个经济走廊与推进"一带一路"建设关联紧密，要
进一步推动合作，取得更大进展（见表 2-2）。

表 2-2 　　　　　　　　　"一带一路"六大经济走廊布局

规划	经济走廊	路线布局	重要节点国家/省（市）
丝绸之路经济带	中蒙俄经济走廊	华北线：从华北京津冀到呼和浩特，再到蒙古国和俄罗斯 东北线：从长春、沈阳、大连到满洲里以及俄罗斯的赤塔	俄罗斯、蒙古国
			北京、天津、河北、黑龙江、辽宁、吉林
	新亚欧大陆桥经济走廊	起点：日照、连云港、从新疆出境 终点：荷兰鹿特丹港	哈萨克斯坦、俄罗斯、白俄罗斯、波兰、德国、荷兰
			江苏、山东、河南、陕西、甘肃、新疆
	中国—中亚—西亚经济走廊	从新疆出发，抵达波斯湾、地中海沿岸和阿拉伯半岛	哈萨克斯坦、吉尔吉斯斯坦、塔吉克斯坦、乌兹别克斯坦、土库曼斯坦、伊朗、土耳其
	中国—中南半岛经济走廊	起点：中国广西南宁和云南昆明 终点：新加坡	越南、老挝、柬埔寨、泰国、马来西亚、新加坡、云南、广西
"一带一路"连接点	中巴经济走廊	起点：新疆喀什 终点：巴基斯坦	巴基斯坦、新疆喀什
	孟中印缅经济走廊	起点：中国西南 联通：印度东部、缅甸、孟加拉国	孟加拉国、印度、缅甸、云南
"21世纪海上丝绸之路"	海上国际运输大通道	起点之一：中国沿海港口 途经：南海到印度洋，延伸至欧洲	东盟国家、南亚国家，向西亚、北非、东非沿岸国家延展
		起点之二：中国沿海港口 途经：南海到南太平洋	长三角、珠三角、海峡西岸、环渤海地区作为重点港口

从区域经济学角度来说，"丝绸之路经济带"从根本上是一种路域
经济，是依托重要经济通道形成的产业合作带，是因道路辐射带动形成

的生产力布局及区域经济发展体系。

"一带一路"建设六条经济走廊将中国发展与沿线国家的发展紧密联系在一起，不同经济走廊由于地理区位、资源禀赋和发展特色的差异，在发展重点上也各有不同。但是，六条经济走廊是"一带一路"的载体，驱动沿线国家经济逐步释放活力，实现经济快速发展。

2.2.2.1 中蒙俄经济走廊

中蒙俄三国地缘毗邻，有着漫长的边境线。通过加强铁路、公路等互联互通建设，推进通关和运输便利化，促进过境运输合作，促进旅游、媒体、环保、减灾救灾等领域务实合作，就能够打造出一条中蒙俄经济走廊，实现中蒙俄的共同发展目标。

中蒙俄经济走廊有两条重要通道：一是从华北京津冀到呼和浩特，从边境城市二连浩特到蒙古国的乌兰巴托，然后汇入俄罗斯远东铁路网；二是沿着老中东铁路从大连、沈阳、长春、哈尔滨到满洲里和俄罗斯的赤塔。两条通道的共同特征是将中国的环渤海经济圈通过中蒙俄经济走廊与欧洲经济圈连接起来，形成一条从亚洲到欧洲的北方通道。这条经济通道还连接东三省，向东可以抵达海参崴出海口，向西到俄罗斯赤塔进入亚欧大陆桥，具有运输成本低、时间短，经过的国家少且海关通关成本低等优势，是一条潜力巨大的经济走廊。目前，已开通以"中俄欧"为代表的数条铁路国际货物班列线路。

构建中蒙俄经济走廊有利于进一步加强与俄罗斯、蒙古国的经贸合作，有利于实现我国对外经济合作的多元化和出口市场多元化，形成辐射力较强的西部及东北经济增长极。

2.2.2.2 新亚欧大陆桥经济走廊

新亚欧大陆桥是一条从中国东部城市江苏连云港到荷兰鹿特丹港的

国际化铁路交通干线，全长 10900 公里，辐射世界 30 多个国家和地区。对交通便利化程度而言，新亚欧大陆桥将环太平洋经济圈和欧洲经济圈连接起来，比北线大陆桥减少 3000 公里运距，比绕道印度洋和苏伊士运河的水运距离缩短了 1 万公里，运费节约 20%，时间减少一半。但新亚欧大陆桥沿线途经中国、哈萨克斯坦、俄罗斯、波兰等众多国家，通关成本高。依托便捷的铁路运输系统，建设一条便捷高效的经济大通道是推动新亚欧大陆桥经济走廊建设的关键环节，首先需要解决的是沿线国家通关便利化、贸易和投资便利化等问题。

新亚欧大陆桥区域经济发展具有明显的互补性：一方面，对于日本和西欧等发达国家来说，这一区域是一个人口众多、资源丰富的巨大市场，是它们输出资金、技术和管理的理想之地；对中国、中亚和东欧国家来说，通过沿桥开放，可以更好地吸收国际资本、技术和管理经验，加快经济振兴。另一方面，亚太地区经济的迅速增长，越来越需要开拓欧洲市场，而欧盟为谋求发展也需要到亚太地区寻求贸易伙伴，选择投资对象，亚太与欧洲的双向辐射吸引着越来越多的注意力。

2.2.2.3 中国—中亚—西亚经济走廊

新亚欧大陆桥与经济走廊重叠，在新亚欧大陆桥从阿拉山口—霍尔果斯越出中国国境后，出现了一条从哈萨克斯坦到乌兹别克斯坦、吉尔吉斯斯坦、塔吉克斯坦、土库曼斯坦、伊朗、伊拉克、土耳其的新经济走廊。与新亚欧大陆桥突出铁路交通优势不同，这条链接中国—中亚和西亚沿线国家的经济走廊是一条能源大通道，是中国—中亚石油管道和天然气管道的必经之地。随着沿线国家合作深入，中国—中亚—西亚经济走廊将不断延伸到伊朗、伊拉克、沙特阿拉伯、土耳其等西亚北非地区众多国家，成为另一条打通欧亚非三大洲的经济走廊。从国家地域看，主要为能源物资和连接亚非欧的枢纽。

2.2.2.4 中巴经济走廊

从南疆的喀什出发，越过喀喇昆仑山口，进入巴基斯坦境内，一直到瓜达尔港，成为一条中巴经济走廊。2013 年 5 月，国务院总理李克强在访问巴基斯坦期间提出了共建中巴经济走廊的设想，意图加强中巴之间交通、能源、海洋等领域的合作。随着“一带一路”构想的成熟，中巴经济走廊被纳入“一带一路”的总体规划。随着一系列建设项目的推进，中巴经济走廊北通“丝绸之路经济带”，南接“21 世纪海上丝绸之路”，成为一条贯通南北丝绸之路的枢纽，一条包括公路、铁路、油气和光缆通道在内的贸易走廊。

2.2.2.5 孟中印缅经济走廊

孟中印缅经济走廊缘起于 20 世纪 90 年代云南省提出的中印缅孟地区经济合作构想，2013 年 5 月，李克强总理在访问印度期间正式提出推进孟中印缅经济走廊建设，得到了印度、孟加拉国和缅甸三国的积极响应。2014 年 9 月 18 日，习近平主席在访问印度期间，中印发表《中印联合声明》，两国共同倡议建设中印缅孟经济走廊，并将成立联合工作组，加强该地区互联互通。目前来看，孟中印缅经济走廊仍然存在一些棘手的问题，但各方合作潜力还较大，特别是在互联互通方面，中印各有优势。

2.2.2.6 中国—中南半岛经济走廊

随着中国与东盟自由贸易区的发展，中国珠三角经济圈与中南半岛国家的经济联系日益密切，在中国—东盟命运共同体架构下，一条连接珠三角经济圈与中南半岛国家的经济走廊开始浮现。该经济走廊东起珠三角经济区沿南广高速公路、桂广高速铁路，经南宁、凭祥、河内至新加坡，将以沿线中心城市为依托，以铁路、公路为载体和纽带，以人流、物流、资金流、信息流为基础，加快形成优势互补、区域分工、联动开发、共同发展的区域经济体，开拓新的战略通道和战略空间。

2.2.3 六大经济走廊对应的国内中心城区

从表 2-2 可见，六大经济走廊对应着国内沿线中心城市和经济圈，无疑它对中国中心城区经济发展产生极大的推动力，也有利于实现"一带一路"倡议下的中国经济发展的辐射带动作用，它主要体现在如下四大门户：

一是东北门户。中蒙俄经济走廊是中国东北方向对外开放的重要经济通道，对接东北地区和环渤海经济圈的融合；哈尔滨与长春、沈阳、大连的东北经济带开发和呼和浩特与呼包鄂榆城市群的整合；与京津冀协同发展的整合等。再加上东北城市群与沿边支点城市的区域经济一体化，如满洲里与俄罗斯赤塔、黑河与俄罗斯布拉戈维申斯克、二连浩特与乌兰巴托等的经济联动。

二是西北门户。新亚欧大陆桥经济走廊、中巴经济走廊和中国—中亚—西亚经济走廊在中国境内的新疆实现了"三廊合一"，并沿铁路线与环渤海经济圈、长三角经济圈、珠三角经济圈联系。新疆中心城市乌鲁木齐的引领和边境城市阿拉山口、霍尔果斯、喀什的支点作用，能吸引中亚、西亚国家谋图东向发展。

三是西南门户。孟中印缅经济走廊涉及中云南地区。云南在孟中印缅经济走廊中具西南门户地位，通过连接东南亚、南亚国际大通道，可辐射印度洋沿岸，延伸至西亚及非洲东部等广大区域。联动西南汇聚云贵川渝三省一市、与珠三角经济圈对接，为孟中印缅经济走廊提供强大的动力。

四是东南门户。中国—中南半岛经济走廊涉及广东、广西和云南等若干省区，广西是面向东盟区域的主要国际通道，也是"21 世纪海上丝绸之路"与"丝绸之路经济带"有机衔接的重要东南门户。广西与云南、贵州、广东、海南的协调合作，可增强自身带动中国—中南半岛经济走廊的能力；同时利用中国—东盟博览会为平台，广西各城市比如南宁、钦州、防城港与越南、老挝、柬埔寨、泰国、马来西亚、新加坡等沿线国家城市加强合作网络建设。

2.3 "一带一路"对中国和世界的发展意义

2013 年 9 月、10 月，国家主席习近平在哈萨克斯坦和印度尼西亚，先后提出了建设"丝绸之路经济带"和"21 世纪海上丝绸之路"的重大倡议。这是中国共产党在国家由大向强发展关键阶段作出的重大决策，是助推中华民族伟大复兴的宏图伟略。"一带一路"涉及亚欧非多数国家（含中国）、多数人口，贯穿欧亚大陆，东连亚太经济圈、西接欧洲经济圈，涵盖政治、经济、外交、安全等诸多领域，是中国人实现"中国梦"和"世界梦"的交汇桥梁。

国家主席习近平在 2017 年"一带一路"国际合作高峰论坛圆桌峰会上的开幕词"开辟合作新起点 谋求发展新动力"中明确了"一带一路"的核心要义："在'一带一路'建设国际合作框架内，各方秉持共商、共建、共享原则，携手应对世界经济面临的挑战，开创发展新机遇，谋求发展新动力，拓展发展新空间，实现优势互补、互利共赢，不断朝着人类命运共同体的方向迈进。这是我提出这一倡议的初衷，也是希望通过这一倡议实现的最高目标。"

2.3.1 中国意义

"一带一路"倡议是面对国内外复杂多变形势，在世界历史将发生重大转折的关键时期，我党提出的国际开放发展合作共赢的新模式，它是中国特色社会主义建设的伟大创举，虽面临各种风险，但其意义深远重大，对新时代中国改革开放再出发产生强大的推动力。

2.3.1.1 整体发展意义

"一带一路"倡议以政策协调为基础、以经济合作为主轴、以人文交流为支撑，致力于全方位推进务实合作，打造政治互信、经济融合、文化包容的利益共同体、责任共同体和命运共同体。从本质上讲，它具有促进共同发展、维护共同安全的双重属性，是一个具有全球视野、蕴藏中国智慧、高屋建瓴、内涵深刻的长期综合战略，具有对外统领性质和深远历史意义。其对中国社会发展的意义主要体现在：

第一，有利于促进中国进一步开放发展。当前世界进入了大发展大变革大调整时期，在这关键转折点，需要有担当有领导力的新模式来应对世界面临的新挑战。在此历史背景下，中国提出了"一带一路"倡议，继承和发展了古丝绸之路沉淀下来的以和平合作、开放包容、互学互鉴、互利共赢为核心的丝路精神，以共商、共建、共享为黄金原则，探索出一条合作共赢的对外直接投资和商贸发展方式。我国在"一带一路"建设的对外投资中，逐步实现跨国公司做大做强，也促进了当地经济和社会的发展。

第二，有利于促进中国经济转型升级，有效推动去产能。"一带一路"建设把投资和贸易有机结合起来，以投资带动贸易发展，鼓励本国企业参与沿线国家基础设施建设和产业投资。这带动了我国钢铁、化工、建材、有色等基础工业的过剩产能的出口，减轻企业库存压力。同时"一带一路"构想提出，开展农林牧渔业、农机及农产品生产加工等领域深度合作，加大煤炭、油气、金属矿产等传统能源资源勘探开发合作，积极推动水电、核电、风电、太阳能等清洁、可再生能源合作，加强能源资源深加工技术、装备与工程服务合作，加强在新一代信息技术、生物、新能源、新材料等新兴产业领域的深入合作，通过这些国际合作互惠互补，实现发展共赢。

第三，有利于加快推进人民币国际化。"一带一路"建设为人民币国际化提供了新的契机：它为人民币国际化提供了重要路径，也为拓展人民币职能搭建了良好平台，为国内经济和金融改革提供了新动力，是加快人民币国际化进程的重要载体。随着"一带一路"建设的推进，人民币将逐步实现周边化、区域化、国际化。它为扩大人民币跨境需求提供实体经济支撑，进一步提高人民币对国际社会的吸引力。通过区域贸易、双边贸易等推进人民币在国际贸易中成为结算货币、投资货币和储备货币，提升人民币国际地位，推动中国金融市场逐步完善，促进人民币资本项目可兑换的稳步审慎前行，为人民币国际化奠定扎实基础。

2.3.1.2 　区位发展意义

中国对内改革和对外开放都面临着新的突破。一方面是中国以出口为主的外向型经济发展受到了一定制约，欧美等发达国家对正在崛起的中国耿耿于怀，不断通过对贸易结构的调整及规则的重塑，试图从多方面限制中国的发展；另一方面则是中国经济在高速发展中面临结构性矛盾。为适应国际经济新格局的新变化，习近平主席提出"一带一路"构想，明确对外开放的新路径，如六大经济走廊对应国内中心城市、经济圈发展，提出中国经济新的增长极。其区位意义可归纳为以下几方面：

第一，增进中国同中亚和东南亚的合作基础。"丝绸之路经济带"核心理念是加强同中亚和东南亚国家的经贸合作，中国同中亚及东南亚各国在历史上有着共同的发展经历，文化相通，合作基础坚固。中国新一轮的改革开放举措有利于通过共建新的丝绸之路形成对外开放增长点,利用上海合作组织和中国东盟自贸区在推动多边合作中的积极作用,加强互联互通,优势互补,共同发展,打造好同西部邻邦及东南亚邻国的友好合作关系。

第二,"丝绸之路经济带"和"21 世纪海上丝绸之路"形成辐射作用。"一带一路"连接中国多数中心城市、经济圈,借助交通运输网络的日益畅通,与周边国家往来合作增加,中心城市、经济圈发展和国际影响力同步提升。

第三,促进中西部加快改革开放。西部大开发和中部崛起形成于2000 年之后,同东部沿海相比起步较晚,必须加快对外开放。结合我国地理区位和周边外交的发展重点,通过开放中西部,进一步促进体制和机制的创新,全面提升内陆和沿边开放性经济水平。同时,建设"丝绸之路经济带"可以扩大西部发展空间。

第四,转型升级东部地区的对外投资贸易。东部地区经过 30 多年的率先对外开放,已形成了贸易驱动型的外向型增长模式。目前企业面临着经济结构转型和海外投资加快发展的新阶段,通过同"一带一路"参与国的互联互通,加快推动我国市场主体"走出去"、促进企业产品结构升级,提升投资贸易效率和效益,东部省份重点寻求与东南亚国家、日欧发达经济阵营合作的新支点,加大经贸合作力度,以点带面,形成联动发展的新局面。

2.3.2 世界意义

国家主席习近平在 2018 年中非合作论坛北京峰会开幕式上明确提出了"一带一路"的建设目标:面对时代命题,中国愿同国际合作伙伴共建"一带一路"。我们要通过这个国际合作新平台,增添共同发展新动力,把"一带一路"建设成和平之路、繁荣之路、开放之路、绿色之路、创新之路、文明之路。

"一带一路"对世界发展的意义主要体现在以下几个方面：

第一，打造中国与世界的利益共同体、责任共同体、命运共同体。共建"一带一路"倡议为改革世界经济治理模式提供了中国方案，成为世界各国推动经济发展和机制改革的一面旗帜。"一带一路"倡议旨在弘扬"丝路精神"薪火相传，推动参与国家"和平合作、开放包容、互学互鉴、互利共赢"，实现共同发展。打造利益共同体指的是各国之间的利益在不同程度上存在契合，各国应在寻求共同利益的过程中不断减少分歧，促合作、谋发展，实现互利共赢。利益共同体也力求中国利益与沿线国家利益协调，在发展对外关系时做到经济、政治、安全与文化利益的兼顾和协调。责任共同体是共担风险，共同治理。当今人类面临的全球性问题数量之多、规模之大、程度之深前所未有，往往超越了国界，单靠一国力量无法解决，这就需要各国加强沟通合作，摒弃意识形态的羁绊，同心同力应对挑战，建立"责任共同体"。再则就是共迎挑战，共生共存，打造命运共同体。助推各国找到符合自身国情发展道路，掌握自己发展、安全的命运，形成积极的相互依赖，成为命运共同体。

第二，融通"中国梦"与"世界梦"。不同于近代以来西方的殖民主义、帝国主义和霸权主义，以国际掠夺、竞争为常态而合作、妥协为非常态，也不同于战后西方对外援助等各种名目的国际合作模式，"一带一路"依靠中国与沿线国家已有的双多边机制，借助既有的、行之有效的区域合作平台，高举和平、发展、合作的旗帜，主动地发展与沿线国家的经济合作伙伴关系，把中国现在的产能优势、技术优势、资金优势、经验和模式优势转化为市场与合作优势，将中国机遇变成世界机遇，融通"中国梦"与"世界梦"。"一带一路"的要旨就是鼓励各国走符合自身国情的发展道路。同时,"一带一路"建设并非另起炉灶、推倒重来,而是通过项目对接、优势互补,把中国发展同各参与国发展结合起来,把中国梦同各参与国人民的梦想结合起来。比如,"一带一路"建设同俄罗斯提出的欧亚经济联盟、哈萨克斯坦提出的"光明之路"、土耳其提出的"中间走廊"、蒙古国提出的"发展之路"、越南提出的"两廊一圈"、英国提出的"英格兰北方经济中心"、波兰提出的"琥珀之路"等均有交接和契合。除了国家外,"一带一路"建设还对接与国际组织共建,如中阿构建"1 + 2 + 3"合作、非洲"三网一化"等。各方通过政策对接,实现了"1 + 1 > 2"的效果,共同成就和平安全、繁荣发展、开放包容、清洁美丽的世界梦。

第三,建设一个包容性强的互利互惠平台。推进"一带一路"建设,奉行多边主义,开创合作共赢的新模式。反对美国特朗普政府实行的单边主义、霸权主义,推动国际秩序向互利共赢、融合受益发展。这是我国对全球经济合作的重要贡献,为促进全球共同繁荣,实现人类命运共同体贡献的中国智慧。

近些年"一带一路"合作范围不断扩大,合作领域更为广阔。它不仅给参与各方带来了实实在在的合作红利,也为世界贡献了应对挑战、创造机遇、强化信心的智慧与力量。实践证明,"一带一路"为全球治理提供了新的路径与方向,它针对各国发展的现实问题和治理体系短板,创立了亚投行、新开发银行、丝路基金等新型国际机制,构建了多形式、多渠道的交流合作平台。

第四,"一带一路"为全球均衡可持续发展增添了新动力。它既在一定程度上缓解了当今全球治理机制代表性、有效性、及时性难以适应现实需求的困境,提振了国际社会参与全球治理的士气与信心,尤其满足发展中国家、新兴市场变革全球治理机制的现实要求,大大增强了发展中国家和新兴经济体的话语权,推进全球治理体系朝着更加公正合理的方向发展。同时,"一带一路"涵盖了发展中国家与发达国家,缓解了全球公共产品供给不足的状况,实现了"南南合作"与"南北合作"的统一,有助于推动全球均衡可持续发展。

"一带一路"源自中国,属于世界。其建设项目跨越不同地域、不同发展阶段和不同文明的国家,是一个开放包容的合作平台,是各方共同打造的全球公共产品。它以亚欧大陆为重点,向所有志同道合的朋友开放,不排除也不针对任何一方,力图构建以合作共赢为核心的新型国际关系。

第 3 章
文献研究述评

对于"复杂国际形势下的'一带一路'投资贸易国别风险评估与保险应对研究",笔者认为,其实质上是"一带一路"风险管理研究。国内外已有相关文献大致可归纳为:国家风险与国别风险、国际贸易风险和"一带一路"建设风险三方面的定性、定量研究。

3.1 国内文献

3.1.1 国别风险研究

对于国家风险、国别风险的研究在我国由西方盛行而逐渐兴起。2010 年原中国银监会印发的《银行业金融机构国别风险管理指引》将国别风险概述为:由于某一国家或地区经济、政治、社会变化及事件,导致该国家或地区借款人或债务人没有能力或者拒绝偿付银行业金融机构债务,或使银行业金融机构在该国家或地区的商业遭受损失,或使银行业金融机构遭受其他损失的风险。显然,这是从实务角度的一个界定,国内学术界迄今对国家风险、国别风险均未形成一致认可的准确定义(王海军等,2011)。其主要原因是国家风险涉及政治、经济、国际关系、一国的社会文化环境以及如恐怖事件、战争和自然灾害等突发事件,因此,在分析不同的国际经济政治活动或是企业在不同的国家进行国际直接投资的过程中,其所面临的国家风险也不尽相同,并且随着外部环境的变动,影响国家风险与国别风险新的不确定因素也在不断增加。

21世纪以来,我国对外开放步伐加快,国别风险研究迅速增多,首先着重于出口信用保险国家风险评价,杨学进(2004)在《出口信用保险国家风险评价》中,将国家偿债水平作为评价的核心,偿债愿望和偿债能力作为主线,定性分析政治风险,定量分析经济风险。贾真(2005)也分析评价了出口信用保险中的国家风险。杨丽梅(2006)将企业对外直接投资面临的风险分为商业风险和国家风险。聂名华(2009)更加细致地总结了企业对外直接投资面临三个层面的风险:国家层面风险,如政局不稳定、政策不连续、法律法规变化、恐怖主义活动等;市场层面风险,如汇率水平、物价波动等;企业层面风险,如投资决策、项目经营、道德风险等。2011年在《中国科学院院刊》发表了"国家风险评级的问题分析与战略思考"。此外,邱立成等(2012)认为法律和环境风险对我国企业对外直接投资产生了较大影响,尤其是国民收入越高的东道国,法律和环境风险越严重。部分国内学者尝试在评价体系中加入"中国因素"指标,如地缘政治和中国威胁论(姚凯等,2012)。孟醒等(2015)则选取国民受教育程度、社会经济情况、社会治安情况等作为社会风险的部分评价指标体系。周伟等(2017)进一步将国家风险的范围拓展至政治风险、经济金融风险和社会文化风险等。

以定量分析为主的,如王海军等(2010)研究了国家风险中的经济风险和金融风险对对外直接投资（OFDI）的影响，发现经济风险和金融风险对对外直接投资（OFDI）能够产生显著负影响，且 OFDI 对经济风险的反应更敏感；娄春伟（2012）利用数据挖掘与多目标决策方法的融合，提出基于时间维度的多目标风险预警模型，对国家主权信用违约风险的量化排序进行分级评价；胡兵等少数学者采用了美国政治风险服务集团（The PRS Group）的世界各国经济风险（ERI）和金融风险（FRI）数据来衡量国家经济金融风险；孙晓蕾等（2014）以金砖五国为例，利用资本资产定价模型（Capital Asset Pricing Model，CAPM）计算的国家 Beta 值作为国家风险的替代变量，分析系统性风险动态特征与国家风险评级差异性；李明明等（2017）以多类别分类因变量为网络目标向量训练网络，以概率神经网络原理为基础构建了网络评级模型；周咏梅（2018）使用 KMV 模型和 Credit Metrics 模型作为主要度量模型，并使用正态 Copula 函数度量出口信用保险的全面风险。除国别政治风险外，学术界对经济金融风险、社会文化风险的量化研究较少。在实践层面，如王稳等（2016）发表了"2015 年全球主权信用风险评级研究"；大公国际资信评估有限公司（以下简称大公）作为中国信用评级与风险分析机构，提供面向全球的中国信用信息与决策解决方案服务。

3.1.2 贸易风险研究

21 世纪以来，国内对贸易风险的研究主要集中在定性分析。从不同角度出发，国际贸易风险的分类是存在差异的。马媛（2007）认为按照风险影响的主体来分，贸易风险可以从宏观和微观两个角度出发。顾露露（2005）指出微观方面的贸易风险主要集中体现在贸易运营方面，顾中元（2010）在此基础上提出，宏观贸易风险主要来源于政治、市场、社会文化以及技术，微观贸易风险主要来源于合同、运输和结算三部分。胡小娟（2002）认为国际贸易风险按性质可划分为静态和动态风险，前者通常表现为是否导致损失，例如，自然风险、贸易欺诈风险等，后者则通常表现为能否实现利益，如价格变动风险；按个体标的不同将贸易风险划分为国家风险、经济风险、贸易欺诈风险和技术风险。贾真（2005）则认为评级核心是净外汇收入，并对各因素采取打分法。

贸易风险有关定量分析，比较多见的是贸易指数、贸易潜力和贸易效率分析。盛斌等（2004）选取与我国频繁发生贸易的 41 个样本国家（地区）在 2001 年的贸易界面数据，从总量和部门两个角度，分析探讨了我国与 25 个新兴市场发展中国家（地区）以及 16 个发达国家的出口潜力。研究结果表明，我国对有些经济体的出口贸易伙伴国家的经济规模因素、地理区位影响以及各区域特色贸易安排是导致我国与一些经济体出现贸易出口不足的重要原因。杨国川（2010）通过建立经常市场份额模型引入贸易竞争优势指数、贸易结合度、贸易互补性指数等指标，对在 1998—2007 年中国与加拿大的贸易互补性和贸易潜力进行全面的实证分析，结果显示，中国与加拿大两国间的贸易联系不断加强，同时贸易互补性稳定持久。鲁晓东等（2010）选取 1990—2006 年我国与世界 146 个国家或地区作为研究对象，在影响进出口贸易的因素划分为自然因素和人为因素的基础上，引用随机前沿引力模型测算我国与各贸易伙伴国间的贸易潜力及贸易效率，研究结果表明我国的出口效率较低，仍存在较多的人为贸易阻力因素，贸易潜力可供发挥的空间较大，其中关税和贸易伙伴国的制度建设两大因素对贸易潜力具有显著影响。魏巧琴等（2010）以 2008 年国际金融危机为突破口，分析了国际金融危机前后中国的国别出口规模与其对应进口国的国家风险之间的相关性，同样得出国家风险会显著降低中国的出口贸易的结论。李豫新等（2014）通过构建海关环境、政府与金融环境、口岸效率及电子商务四大指标，评估我国新疆与周边国家的贸易便利化水平，在此基础上引用扩展的传统引力模型，实证发现贸易便利化水平越高，越能推进新疆边境贸易流量。孙会敏等（2015）运用显示性比较优势指数和贸易互补性指数分析我国与新西兰 2008—2013 年的农产品贸易潜力情况，研究表明，我国没有充分发挥和利用自身农产品的比较优势，没有实现贸易潜力最大程度的发挥，未来两国间的贸易合作发展空间巨大。国内学者在潜力研究方面，则大多针对我国与世界其他各国的贸易潜力问题，主要集中于新兴市场发展中国家、东亚各国等。金缀桥等（2015）选取2003—2013 年我国与韩国的贸易流量数据，将贸易结合度、互补性纳入引力模型，分析探讨了罕见的贸易现状和潜力水平，研究结果表明，我国与韩国之间的双边贸易潜力不断上升，且由于贸易商品的互补性，我国对韩国的出口潜力极大。赵翊（2016）引用传统贸易引力模型研究我国对阿拉伯国家农产品出口的贸易潜力时，发现我国与阿拉伯国家在农产品出口方面存在较大潜力。王丽丽（2017）综合性地选取基础设施条件、关税、金融发展水平、通关程序复杂度等变量进行研究分析。

关于贸易运输风险因素分析：张敏（2009）运用德尔菲法研究我国大型船舶出口贸易中面临的主要风险，统计分析各风险因素发生的可能性及可能造成的损失，并提出一系列对这一类船舶生产和贸易风险的防范和管控措施；毕燕茹等（2010）选取 1998—2006 年我国与中亚五国的出口贸易流量界面数据作为分析对象，测算了贸易潜力水平，研究结果表明空间距离对双方贸易往来产生显著的不利影响；贺书锋等（2013）研究了 1995—2010 年我国与北极航线受益国之间的贸易效率和贸易潜力，研究结果表明，海运航道距离对贸易双方的效率水平呈显著的负向阻碍作用，贸易进出口效率提升空间巨大。

3.1.3 "一带一路"建设风险管理研究

"一带一路"风险管理研究以我国学者为主。从理论上讲，阐明传统地缘政治理论已经不符合时代发展的需要，需要构建符合中国和世界发展要求的新地缘政治理论，因而提出符合中国和世界发展要求的，符合中国"一带一路"和"人类命运共同体"倡议思想内核的，以"通"为核心的地缘政治理论——"通权论"，以及中国的"通权论"实践进路措施[1]。国家社科基金重大专项课题"构建人类命运共同体基础理论研究"发表的成果（2019）表明："一带一路"遭受地缘冷战思维挑战，主要表现为错误的世界历史类比、机械的地理空间解读、生硬的政治经济挂钩、过时的地缘争霸观念以及扭曲的文明冲突意象[2]。

通过国别风险分析，多数学者认为"一带一路"区域投资建设政治风险、主权风险占主要地位。如在《国际问题研究》上刊发的"'一带一路'：中国的马歇尔计划？"一文中指出：除欧洲外，大多数"一带一路"沿线国家处于经济转轨过程中，政治风险成为影响国内经济表现的核心因素（金玲，2015）。毛振华等（2015）在《"一带一路"沿线国家主权信用风险报告》中指出，沿线各国政治、经济、金融方面存在的巨大差异导致区域内国家主权信用水平参差不齐，易导致主权债务危机和银行危机之间的恶性循环，这对"一带一路"投融资合作

---

① 李振福等．"通权论"的理论基础与实践进路研究［J］．学术探索，2020（4）：30–38.
② 耿协峰．"一带一路"遭受的地缘冷战思维挑战及其思想根源［J］．国际观察，2019（6）：69–83.

的开展尤其不利。在对华限制、反华势力及排华方面，一些"一带一路"国家如印度尼西亚、越南等国内始终存在着"反华"势力（孟凡臣等，2014；马昀，2015）。在领土争端方面，我国与部分"一带一路"沿线国家存在领土争端，如中印领土争端，南海争端牵涉六国七方等（蒋姮，2015）。还有在是否签署双边投资保护协定（BIT）等作为风险因素方面，马博雅（2016）指出政治风险主要包括沿线政局动荡和大国利益竞合，各国战略互信不足、领土争端、恐怖主义等传统和非传统安全因素使"一带一路"对外直接投资基础脆弱；王正文等（2018）以中国"一带一路"国家为例，探析了国家风险、出口贸易与对外直接投资互动关系；许劲等（2019）对"一带一路"背景下中国对外承包工程的国别环境做了评价，等等。

通过经济、金融风险分析，"一带一路"区域国家经济、金融风险频发，一些国家经济状况不佳、通货膨胀严重、经济结构单一、金融体系欠发达。经济金融风险主要表现为投资的资产贬值，结算、汇兑转移限制等。蒙古国、马来西亚这些外汇储备薄弱的国家以及外债负债率较高的部分亚洲国家都潜伏着较大的金融风险（刘艳和黄翔，2015）。宁薛平（2016）分析了"一带一路"沿线地域封闭、信息化手段落后及投融资制度不完善导致的严重的信息不对称，加剧了企业投融资的逆向选择和道德风险。樊增强（2017）指出由于我国对"一带一路"沿线涉及东道国关键领域的项目投资风险评估不到位，中国企业对"一带一路"沿线的直接投资存在投资质量低下、投资结构不合理、社会责任意识缺失等问题。

"一带一路"贸易风险相关研究，如孙金彦（2015）利用时不变和时变衰减随机前沿引力模型对比估计了中国与"一带一路"沿线 53 个国家的出口贸易效率与总贸易效率，研究结果表明，中国与沿线国家的出口贸易效率和总贸易效率随时间变化不断提升，但贸易潜力仍未完全发挥，双边贸易关系的改善仍有很大提升空间。谭秀杰和周茂荣（2015）以21世纪海上丝绸之路沿线主要国家作为研究样本，探究我国与这些国家的贸易潜力和贸易效率，研究结果表明，我国对海上丝绸之路沿线国家的贸易效率呈不断提升趋势，但效率分布不均，与东盟六国间的贸易效率水平明显高于南亚三国和海湾三国，这表明贸易潜力没有得到充分发挥，贸易效率提升存在较大空间。李艳芳等（2015）在界定海上丝绸之路区域和64个国家的基础上，分别采用进出口贸易强度指数和贸易潜力指标，从整体、局部区域及所属国家三个角度分析1999—2013年我国与沿线国家的贸易发展和贸易潜力情况，研究表明，贸易发展合作空间巨大，但也受各区域自身经济贸易发展水平、贸易潜力实现程度等因素的限制。宁凌等（2015）选取我国与东盟十国1995—2014年贸易数据，利用季度面板数据进行引力模型实证分析，研究结果表明，我国与东盟之间的比较优势存在明显差异，贸易活动在推进海上丝绸之路建设过程中扮演着至关重要的角色，未来仍有较大潜力和贸易扩展空间。耿仲钟等（2016）以我国与21世纪海上丝绸之路沿线国家在1995—2014年的农产品贸易特征作为研究对象，运用比较优势、贸易规模与结构、紧密程度和出口市场特化优势等多个贸易统计指标，研究发现，我国与沿线国家农产品的贸易规模不断扩大，与东段航线国家的农产品贸易联系较为紧密，中西段航线的贸易联系也呈现出逐步增强的趋势。黄孝林（2017）基于随机前沿引力模型研究"一带一路"背景下我国对沿线国家的出口贸易效率，在模型中引入交通基础设施、贸易阻力等因素，研究结果表明，我国与沿线国家的出口贸易效率呈现逐年递增的趋势，独联体和南亚诸国的贸易效率较低，未来与这些国家的贸易往来有很大挖掘潜力。黄伟新等（2017）在研究丝绸之路经济带国际物流绩效对我国机电产品出口的影响时，在贸易引力模型中纳入物流绩效指数、货物运输的及时性、便利性、物流服务等导致非贸易效率的因素，测算出相应的出口贸易效率，研究结果表明，物流绩效水平的提高有利于机电产品出口至丝绸之路经济带周边国家。张会清（2017）从进口和出口两方面研究在 2002—2015 年我国与"一带一路"沿线国家的贸易潜力及影响因素，并将沿线国家区域进行划分，选取政府治理能力、贸易便利程度等多方面对比分析金融危机前后的贸易潜力及效率情况，研究结果表明国际金融危机的爆发导致贸易效率大幅下降，中亚和独联体地区的贸易效率较低，同时政府治理与贸易便利程度的不足显著地抑制双边贸易效率，贸易潜力没有得到完全发挥。陈继勇（2020）通过对"一带一路"沿线 66 个国家在 2007—2018 年的投资便利化研究发现"一带一路"沿线国家在投资便利化水平上存在显著差异，东道国提供的投资便利化水平提高 1%，一般可以促进中国对外直接投资增长 2.173%。

在对策与保险研究方面，胡鞍钢（2014）等对"丝绸之路经济带"的战略内涵、定位和实现路径展开了研究；刘艳等（2015）以国际法视角提出"一带一路"建设中国家风险防控措施；陈利馥等（2017）探究了"一带一路"背景下中小企业出口信用风险管理；顾中元（2017）提出了对国际贸易风险防范及控制对策；邱增辉、蒋祎等（2019）提出应对"一带一路"风险的健康丝绸之路建设；张夏恒（2019）对"一带一路"倡议下跨境电商与跨境物流协同展开研究；何啸风（2020）给出法律服务出海以保障企业参与"一带一路"建设的对策建议，等等。

3.2　国外研究

国外相关研究主要集中在国家风险与国别风险、投资贸易国别风险评估与应对。

3.2.1 国家风险与国别风险

国家风险概念的提出,源于 20 世纪 60 年代西方理论研究人员关于政治风险的研究。在一段时期内,国家风险与政治风险是属于同义词。Root(1968)将政治风险定义为在本国或国外能够引起国际商业运作的获利潜力或资产损失的政治事件发生的可能性。自这个概念提出以来,特别是 20 世纪 80 年代拉美债务危机和货币危机以后,研究者注意到发展中国家的主权信用风险凸显,单纯的政治风险概念已不能囊括日益丰富的国家风险内涵。因此,自 20 世纪 80 年代之后,国家风险开始逐步取代政治风险成为官方出口信用保险机构(Export Credit Agency,ECA)和研究者关注的焦点。此后,由于美国等发达国家对外间接投资等金融资产规模快速增长,国家风险中的主权信用风险作为衡量各国无风险收益率的基准日益受到重视。因此,研究者开始用主权债券利差或主权信用违约掉期利差作为主权信用风险的核心指标,甚至一度将主权信用风险和国家风险混为一谈。20 世纪 90 年代以后,众多学者进一步扩展了国家风险的概念。其中,Meldrum(2000)将国家风险的构成分为六大要素,即经济风险、转移风险、汇兑风险、位置或地域风险、主权风险和政治风险,从而将国家风险的内涵从政治领域扩展到了经济领域。Bouchet(2003)指出国家风险是一国企业在进行国际化经营时,会面临来自政治、社会、宏观经济和微观经济的风险。

巴塞尔委员会在 1997 年发布的《有效银行监管的核心原则》中将国家风险定义为:是国际资本流动中面临的、因受特定国家层面的事件的影响而使资本接受国不能或不愿履约,从而造成债权人损失的可能性。可以看出,国家风险在这个定义中仍然局限在债权债务领域。瑞士银行家协会在《国家风险管理指南》中指出国别政治和经济形势的变化是导致国家风险的根源，包括转移风险和其他国家风险。前者包括货币和资本的自由流动的限制，其他国家风险包括由政治经济因素变化导致的关乎市场、流动性等方面的风险①。

与国家风险相似，国外对于国别风险研究迄今仍没有一个统一的概念，多数将之视为一个涉及政治、经济、社会、文化、国际关系、自然环境和突发事件等十分复杂的范畴。从 20 世纪 60 年代、70 年代至今的研究基本依循：风险界定及分类→国家信用等级及政府腐败→相关评价指标与动态观测［如国家风险国际指南（ICRG）、标准普尔等评级指标）］的路径。Calverley（1985）认为，国别风险可以被定义为在一个国家之内因宏观经济和政治事件导致的潜在的财物损失，可以将国家风险划分为主权风险、转移风险和较为宽泛的一般国别风险。Goldberg 等（1987）指出国别风险是由于他国的一个实体进行放贷而产生的在一个国家之内的损失暴露，主权风险是国别风险的主要方面，它涉及政府及其机构偿还贷款的支付能力和满足国际银行偿债要求的措施。Bouchet 等（2003）指出当一个企业进行国际化运营时，它会面临具有不同风险和不确定性的新环境，国别风险涵盖所有这些潜在困难的具体因素，包括政治风险、社会风险、宏观经济风险和微观经济风险。巴塞尔委员会在论及主权评级和转移风险的报告中阐释国别风险是由特定国家的某种事件导致的，并且由政府行为造成的但不是私人企业和个人造成的，包括但不限于政府不能履行债务的主权风险和政府限制资金转移的转移风险。经济合作与发展组织（1999）指出国别信用风险包含五个基本

---

① 格奥尔格·容格，陈抗风. 瑞士银行对国别风险评估的原则和方法（一）［J］. 国际金融研究，1990（6）：57-63.

要素：（1）由债务人的政府或政府机构发出的停止付款的命令、政治经济事件引起的贷款被制止转移或延迟转移；（2）法律导致的资金不能兑换成为国际通用货币或兑换后不足以达到还款日应该有的金额；（3）任何其他来自外国政府的阻止还款措施；（4）不可抗力（包括战争和内战、没收、革命、骚乱、民变、飓风、洪水、地震、火山喷发以及核事故）。①。

概而言之，国家风险与国别风险为相近概念，有交叉定义域，因而常有混用。

3.2.2 投资贸易国别风险评估与应对

国家风险概念出现之前，在实务层面，各国的出口信贷机构（Export Credit Agency，ECA）就已经通过承保汇兑限制、除外战争等政治事件风险来保护、促进全球的贸易和投资。从 20 世纪 60 年代学者将政治风险视为国家风险开始，国家风险的内涵逐渐开始延伸。早期定性研究较多，如 Robock（1971）、Bennett 等（1972）、Rummel 等（1978）、Haner（1979）等学者，主要分类分析国家风险和提出一些评价指标。Haner（1979）指出国家风险包括政府变动、政治不稳定、外部不安全、武装冲突、竞争政治理念、高通货膨胀率、民族宗教矛盾和政府的腐败。20 世纪 90 年代以后，国家风险似乎更多关注国别信用风险、财政金融风险（如汇率汇兑、国家借贷能力）及多因素影响的复合风险，如 Hashmi（1992）、Harvey 等（1996）、Duncan（2000）、Meldrum（2004）所做的研究。其中，Duncan（2000）第一次将经济金融参数引入国家风险概念体系。如美国银行（Bank of America）提出对国家风险

---

① OCED 等. 关于官方支持的出口信贷准则的约定 [M]. 北京：中信出版社，1999.

的界定包括政府变更，政策不稳定，内部不安全，外部不安全，武装冲突，绑架和勒索，法律和秩序的崩溃，恐怖主义，竞争政治理念，经济增长，收支平衡，外汇浮动，高通货膨胀率，利率浮动，货币贬值，国家借贷能力，基础建设缺乏，官僚，接近资本或信用市场的限制，国家信用水平，商务行为或礼仪缺乏，语言，民族和宗教差异，腐败和谈判风格差异。世界银行（World Bank Group）公开发表的研究表明：国家风险能够通过国家信用水平和政治，经济风险变量进行衡量。迄今为止，国际权威机构对国家风险评价的指标设定上，各有差异。

21 世纪关于对外直接投资风险研究增多。在定性方面，Thomas 等（2001）认为东道国的经济发展水平、经济开放程度和政治风险等是影响企业对外直接投资风险的主要因素，而 Jakobsen（2010）认为政治风险是最重要的影响因素，Kapta 等（2012）认为国家风险包含政治风险和经济风险两个方面。可以看出，学者们普遍认为影响企业对外直接投资的因素包括政治风险、经济风险、社会风险等。归纳起来，对国家风险影响因素分析主要分为四类：（1）政治稳定类。关乎一国的政权和相关政策能否延续，对战争和内乱、征收、汇兑限制、主权信用等方面的国家风险均有直接影响，是国家风险的关键指标。文献中常用的指标包括武装冲突的频率与范围、民族或族群矛盾、领导人换届、政治环境类指数等。（2）经济金融类。经济金融指标体现一国经济的整体环境与经济发展情况，包括经济增长率、通货膨胀率、产业结构、利率、财政收支、公债规模、外债规模、进出口规模、国际储备、汇率波动性、对外直接投资（OFDI）等。（3）社会发展类。社会发展状况是国家风险主要影响因素之一，包括社会结构、收入分配状况等。（4）营商环境类。营商环境恶化给政府治理带来挑战，尤其会对经济能力较弱、经济结构较为单一的小国产生严重影响，具体包括政府行政效率、基础设施水平和自然灾害等。

在定量研究方面，随着银行和企业国际化经营范围和深度的不断扩展，为了有效防范和规避国家风险，针对国家风险的监测评估成为了研究热点。对国家风险的度量一般是在定性基础上的定量分析。从20世纪70年代开始，国外学者开始量化评估对外直接投资风险。Robock（1971）、Simon（1982）先后运用独立和非独立变量实证研究企业对外直接投资面临的东道国政治风险；Rummel（1978）、Kraar（1980）、Saini K G. 等（1964）设置了一系列指标评价东道国的投资风险。定量研究国家风险与投资的关系多见于以下三类：

第一，对于政治风险和海外投资的关系，这方面计量分析结果呈现时期和不同变量的差异。早期对于政治风险和海外投资关系的研究（Kobrin，1979）发现政治不稳定性对不同的海外投资变量的效应是不一致的。在后续计量研究中，主流研究指出政治风险对海外投资流量影响是负相关的。Schneider 等（1985）、Busse 等（2007）、Nigh（1985）分析了24个东道国在21年间的表现，发现国内和国际冲突及合作对美国制造业的海外投资流量都产生了负向影响。而 Loree 等（1995）发现不同年代效果不一。Woodward 等（1993）发现政治稳定性增加了投资东道国的企业盈利能力。Li（2006）发现政治暴力形式不同对海外投资的影响不同，并且发现该影响还取决于政治暴力是否可被预期，而不可被预期的政治事件对海外投资会带来很强的负面影响。Meon 等（2005）发现，当海外投资快速增加时，投资者对政治风险就不那么敏感。另一类文献发现政治风险并不是海外投资的显著的决定因素，如 Wheeler 等（1992）、Asiedu（2002）的研究。Guisinge 等（2003）在对1982—1995年52个发展中国家的混合分析中，发现通过按100分计的复合变量表示的政治不稳定性没有影响美国1981—2000年流向28个国家的海外投资流量。Li 等（2003）还发现"政权持久性"（Regime Durability）却会促进海外投资。

第二，经济（包括金融）风险与投资活动的关系研究。传统观念认为，国家风险是阻碍国际资本流入东道国的重要因素。Aizenman（2002）通过对新兴市场的研究发现，跨国公司更倾向于投资于市场更稳定的国家，因此市场的稳定性会影响外商直接投资（FDI）的流入。经济自由度、腐败与中国境外直接投资（ODI）的经济自由度是东道国制度因素中最重要的因素，东道国自由的经济环境能降低企业的交易成本，从而吸引 FDI。腐败则对 FDI 存在两方面的影响：腐败可能是一只"攫取之手"（Harms 等，2002），也可能是一只"帮助之手"（Egger 等，2005）。Choi 等（2007）则发现汇率是影响对外直接投资的关键因素之一。Dutta 等（2011）的研究结果表明，FDI 和金融发展之间存在非线性关系。当金融发展达到某个水平时，金融发展将会促进 FDI 的流入，否则金融发展与 FDI 之间存在着负相关性。政治风险的存在，将会使得这种非线性关系更加多变。Almahmoud（2014）则着重分析了经济风险，认为其衡量的核心是经济体系创造新增价值及其自身抗风险的能力。

第三，从政治、经济、社会等多个风险来源角度分析对外直接投资风险。Kim 等（1992）从东道国的政治制度、经济发展水平和社会环境三个角度去综合评估企业对外直接投资的东道国风险。Raluca（2015）认为国家风险是东道国政治、经济、社会和制度因素的综合体现，也反映了外国投资者可能面临的潜在损失，国家风险的存在显示对外直接投资（OFDI）存有显著的负影响。Kazunobu 等（2013）利用 1985 年到 2007 年 89 个国家的数据研究了国家风险中政治风险和金融风险对 FDI 流入量的影响，实证结果表明，政治风险的下降有助于带来更多的 FDI 流入，特别是内乱、腐败和政府有效性对 FDI 的流入有着显著负影响，但是对于发展中国家而言，降低金融风险并不会吸引 FDI 的流入。Gemayel（2004）对中东和北非地区的研究发现，影响对外直接投资决策的各种因素可以归结为国家风险的政府管制、金融风险、货币危机三大因素。

伴随着对国家风险因素的深入探讨，在呈现较多的国家风险模型开发与预测方面，如神经网络模型、多目标规划模型、数据逻辑分析模型、博弈论方法、机器学习模型等。而 Teker. D. 等（2013）则用有序 Probit 模型评级，从穆迪和标准普尔这两个国际著名评级机构所做的国家风险评级报告中寻找共同评级因子。归纳起来，采用的统计分析常见有判别分析、Logit/Probit 模型、主成分分析、因子分析、聚类分析以及一些非参数和参数的方法。

对贸易风险的研究方面，Anderson 等（2002）指出政治风险会限制高风险国家在贸易领域的国际参与度；James 等（2007）通过对加拿大出口商的调查数据分析，结果表明，一国的官僚机构和腐败问题会降低出口贸易水平；Moser 等（2008）则认为政治风险是国际贸易的重要隐性成本，政治风险增加会降低出口贸易。Yang 等（2008）还以原油出口为例，发现国家风险反映了供给国的宏观经济水平和社会政治的稳定状况，国家风险提高会显著降低原油的出口水平。此外，国外使用随机前沿引力模型研究贸易潜力的成果颇丰，主要涉及的是单一角度对总体双边贸易或出口潜力的影响，以贸易风险作为研究对象的文献较少见。Rahman（2005）通过构建引力模型分析 1972—1999 年孟加拉国与东盟、北美自由贸易区、欧共体、南盟以及中东各国家及区域的对外贸易潜力及效率，研究结果表明，贸易伙伴国的经济规模、国家间距离、贸易开放度以及进口需求是影响孟加拉国进出口贸易的关键决定性因素。Dilanchiev（2012）运用引力模型分析格鲁吉亚 2000—2011 年的贸易格局，研究结果表明，经济规模、国外直接投资显著地推动了格鲁吉亚的贸易进出口的发展，贸易伙伴国的人均国内生产总值和具有共同历史与否决定了格鲁吉亚现阶段及未来的贸易格局。Khan 等（2013）以1990—2010 年巴基斯坦与主要贸易伙伴的双边贸易流量作为研究对象，构建引力模型，研究结果表明，巴基斯坦与土耳其、日本、伊朗、印度和马来西亚存在未开发的贸易潜力，贸易国国民生产总值、两国距离两大因素显著推进了贸易流量，文化相似度则阻碍了贸易流量的创造。Roperto Jr Deluna 和 Edgardo Cruz（2014）在运用随机前沿引力模型研究菲律宾与其他贸易国间的出口效率时，在模型中纳入了经济自由度的全部指标，结果表明，只有劳动自由度和政府的腐败程度与出口有明显的负相关，金融自由度、投资自由度和贸易自由度均没有通过显著性检验。Adil Khan Miankhel（2015）在研究巴基斯坦出口潜力及效率时，在模型中纳入制度性变量、社会经济指标和政治壁垒等影响因素，研究结果表明，巴基斯坦的贸易出口效率主要是受到制度性因素和政治壁垒的影响，在未来的贸易效率提升空间较大。

针对"一带一路"国别风险评估及应对，亚洲经济学家 Muhammad Islam（2016）按规模、速度、关注度等分为四类，指出中国企业"走出去"需依相应指标做决策；Esso. Wensinger（2015）指出欧洲国家的法律风险和中国溢价等问题；Peter Schneider（2016）提出应建立企业内部的风险文化；Mollah 等（2020）以制度质量为中介，研究"一带一路"沿线 79 个国家金融发展与 FDI 之间的关系，发现东道国的金融发展显著吸引了 FDI，指出制度质量在这一关系中发挥了显著的调节作用。近些年来，国际权威机构和信息公司纷纷发表各有差异的研究报告及其评价指标，尤其在实际操作层面，世界著名的评级机构都对国家风险进行定期评估。《欧洲货币》杂志使用经济政治、债务违约、获贷融资等九类指标进行国家投资风险评估;《国家风险国际指南》International Country Risk Guide,ICRG)每月对 140 个国家进行风险评估并对 26 个国家进行年度风险评估,主要对政治、经济、金融三类风险指标及其 22 个变量进行综合评估等;世界贸易组织则对 1995 年至 2016 年涉及"一带一路"沿线 43 个国家遭遇的高频次反倾销调查案件及其原因进行了分类分析;(欧洲)专利注册服务(Patent Register Service,PRS)集团在《国家风险国际指南》中从政治、经济、金融等方面对世界各主要国家进行了评估;标准普尔公司(Standard & Poor's)从政治风险、收入和经济结构、经济增长展望、财政的机动性、公共债务负担、价格稳定性、国际收支平衡、外部债务和流动性对国家风险进行了探讨;惠誉(Fitch Ratings)、穆迪(Moody's)同标准普尔公司等都对国家风险进行了估测。在投资、贸易运用保险工具方面,不断有学者深入技术研究和创新,P. Luukka 等(2015)还探究了十亿元人民币以上的投资项目保险建模,并设计新的四步程序定价方法。

国内外学者关于"一带一路"投资贸易风险的定性与定量研究等表明:第一,"一带一路"沿线国家的营商环境与贸易环境存在显著差异,投资贸易便利化程度不一;第二,其风险源涵盖政治、经济、金融、文化及营商环境等多方面因素,集中体现在政府行政效率、基础设施条件、融资便利程度、劳动力素质以及一国经济的整体环境与经济发展等;第三,国内外学者认为利用现代化、体系化的投资贸易风险评估方法对于防范与规避经济实体开展投资贸易活动中的诸多风险尤为重要。

第4章
相关基础理论

"一带一路"既是一条创新建设之路，也是国际合作新平台。它成为沿线国家共同发展的新动力，这不仅是发展之需，也是各国合作之需，更是中国自身发展理念的成功实践和奉献给世界的中国方案。同时它是一段长期艰巨的建设过程，自然有机遇，也会面临各种风险。推动"一带一路"投资、贸易长期稳定的发展，必须实现科学风险管控，风险识别、评估为首要，而与之相关的基础理论是这些实践的指导和支撑。因此本部分我们梳理中国特色社会主义政治经济学、地缘政治学与地缘经济学、区域经济学与复杂系统论、共生效应理论、投资和贸易效率、风险管理与保险相关基础理论，以期有助于理论联系实际和指导实践，实现"一带一路"投资、贸易的可持续发展。

4.1 中国特色社会主义政治经济学

列宁指出："政治经济学的基础是事实，而不是教条。"习近平指出："要深入研究世界经济和我国经济面临的新情况、新问题，为马克思主义政治经济学创新发展贡献中国智慧。"中国特色社会主义政治经济学立足于中国改革发展的成功实践,是研究和揭示现代社会主义经济发展和运行规律的科学,是在长期的经济发展实践中,初步形成的科学完整的理论体系。在未来的经济发展实践中,我们要始终坚持中国特色社会主义政治经济学的重大原则。

政治经济学是马克思主义的重要组成部分。从马克思主义政治经济学中,中国共产党求索到了中国特色社会主义的基本理论、基本纲领和基本政策依据,进而形成了中国特色社会主义政治经济学。2012 年 6 月,习近平总书记视察中国人民大学时指出:"马克思主义中国化形成了毛泽东思想和中国特色社会主义理论体系两大理论成果,追本溯源,这两大理论成果都是在马克思主义经典理论指导之下取得的。"中国特色社会主义理论不是简单地从马克思主义的本本里抄来的,而是在坚持马克思主义基本原理、坚持科学社会主义基本原则的基础上,对中国特色社会主义实践提出的现实问题进行理性认识与战略应对中形成、丰富、发展的。中国共产党人通过科学回答什么是社会主义、怎样建设社会主义,建设什么样的党、怎样建设党,实现什么样的发展、怎样发展,新时代坚持和发展什么样的中国特色社会主义、怎样坚持和发展中国特色社会主义等重大问题,先后形成了邓小平理论、"三个代表"重要思想、科学发展观、习近平新时代中国特色社会主义思想重大理论成果。中国特色社会主义理论体系既一脉相承、日以贯之,又与时俱进、发展创新。在这个过程中,中国共产党人创造性地解决了许多前人没有遇到过的新问题、新挑战,提出了许多马克思主义经典作家不曾涉及的新思想、新论断。

中国特色社会主义政治经济学是中国特色社会主义理论体系的重要组成,其概念在 2015 年 12 月 21 日结束的中央经济工作会议上提出,并明确"要坚持中国特色社会主义政治经济学的重大原则"。这些重大原则包含：（1）解放和发展社会生产力原则；（2）共同富裕原则；（3）发展社会主义市场经济原则；（4）公有制为主体、多种所有制经济共同发展原则；（5）社会主义分配原则；（6）独立自主同扩大开放、参与经济全球化相结合原则；（7）改革、发展、稳定三统一原则。

在秉持中国特色社会主义政治经济学重大原则基础上，2013 年习近平主席提出"一带一路"倡议，它既是我国参与全球开放合作、改善全球经济治理体系、促进全球共同发展繁荣、推动构建人类命运共同体的中国方案，也是更好地团结发展中国家、抵御风险、促进全球稳定的重大创举。早在 2012 年 12 月，面对国内、国外两个大局的新变化、新特点、新趋势，习近平总书记在中央经济工作会议上就强调："必须实施更加积极主动的开放战略，创建新的竞争优势，全面提升开放型经济水平。要在坚持对外开放基本国策，善于统筹国内和国际两个大局，利用好国际和国内两个市场、两种资源基础上，发展更高层次的开放型经济，积极参与全球经济治理，维护我国发展利益，积极防范各种风险，确保国家经济安全。"

"一带一路"投资贸易风险管理是在中国特色社会主义政治经济学重大原则指导下的实践过程。解放和发展生产力是社会主义本质的要求。人类社会的发展是自然的历史过程，生产力的发展是人类社会发展的最终决定力量。我国将长期处于社会主义初级阶段，解放和发展生产力是建设中国特色社会主义的第一要务，"一带一路"投资贸易是在解放和发展本国生产力的同时，直接促进沿线国家生产力的解放和发展。而"一带一路"投资贸易伴随着各类风险，其风险管理就是在解放和发展生产力和规避风险中找到平衡，力图更稳、更持久的发展。

社会主义市场经济原则既继承和发扬了马克思主义政治经济学的精髓和思想方法，又结合了我国实际和时代特征进行了一系列理论创新；

既借鉴了西方主流经济学指导资本主义市场经济运行中的合理方法和手段，又守住了社会主义的本质。我国处于社会主义初级阶段，在经济制度中引入市场机制才符合社会发展实际，符合社会发展规律。改革开放以来，在建设中国特色社会主义经济的过程中，我们逐步实现了从高度集中的计划经济向社会主义市场经济的转身，遵循发展社会主义市场经济原则，使市场在资源配置中起决定性作用，将市场经济与社会主义基本制度结合起来。同样地，"一带一路"投资、贸易依据不同的国别风险，我国从政策导向、制度安排上需要引入适当的市场机制。

"一带一路"倡议是我们党确立的对外开放和积极参与经济全球化进程的基本国策，新时代形成全方位、宽领域、多层次的对外开放格局。它主要包括以下原则：一是坚持"引进来"和"走出去"相结合，充分利用国际国内两个市场，优化资源配置，拓宽发展空间，以开放促改革促发展；二是强调经济全球化作为一个客观进程，具有双重性；三是要正确处理对外开放与独立自主、自力更生的关系。而"一带一路"投资、贸易投资、贸易风险管理，正是为着实现这些原则，也必须依循这些原则致力于促进中国特色社会主义改革、发展、稳定地朝前迈进。理论从实践中得来，又指导实践、在实践中升华。中国特色社会主义政治经济学源于社会主义建设实践，进入新时代，开放发展、合作共赢、普惠平衡等系列理念已成为"一带一路"建设、推动共建人类命运共同体的理论基石。

4.2　地缘政治学与地缘经济学

"地缘政治学"一词起源于瑞典政治地理学家契伦（Rudolf Kjellén）的理论，他在 1917 年所著的《论国家》中将地缘政治学定义为"把国家作为地理的有机体或一个空间现象来认识的科学"，并正式定义了地缘政治学一词。因此，地缘政治学又称"地理政治学"，是一种政治地理学中的理论。地缘政治学从地理因素的角度出发，主要研究地理的相关要素与世界或地区范围的国家政治行为之间的关系。德国地理学家拉采尔（Friedrich Ratzel）在 1897 年的著作《政治地理学》中提出了"国家有机体"理论以及后来的"生存空间"① 概念。"国家有机体"理论认为"国家其实是一种有机的生命，是地球表面分布生命的一种形式"。尽管拉采尔并未在其作品中提到"地缘政治学"一词，但他对后来的地缘政治学理论产生了深远的影响，因此学界仍称拉采尔为地缘政治学的开山鼻祖。1890 年，美国海军军官、历史学家阿尔弗雷德·赛耶·马汉（Alfred Thayer Mahan）经过多年对英国海军的研究出版了著作《海权论》，成为地缘政治学中的传统理论海权论的奠基人。海权论的中心思想在于应该要重视海洋力量对于国家繁荣和安全的重要性，它使得世界多国对海权、海军的重视度逐步提升。

19 世纪末期，随着陆上工业产业的高速发展以及陆地机械运输革命的兴起，发达国家对于陆权的争夺胜过海权。英国地理学家麦金德（Halford John Mackinder）于 1904 年发表了"历史的地理枢纽"，创立了和海权论相对应的陆权论。麦金德在该文中首次提出了"心脏地带"概念，他认为欧亚非三大洲由于陆上交通发达，可以看作一个巨大的世界岛，世界岛的中心也就是世界岛的"心脏地带"位于欧亚大陆的中部，范围从东欧平原一直延伸到西伯利亚平原，包括俄罗斯的大部分（含中亚地区）、伊朗、阿富汗及中国的西北。这个地区是世界上最大的天然壁垒，而东欧是唯一可以容易地进入"心脏地带"的地区。20

---

① 生存空间可理解为国家如果想要生存下去就必须进行"地理的扩张"，通过并吞的方式吸收弱小的国家，从而达到共同发展的目的。

世纪40年代，美国国际关系学家、地缘政治学家斯皮克曼（Nicholas John Spykman）在麦金德理论的基础上发表了《和平地理学》并提出了"陆缘说"。斯皮克曼与麦金德理论有些相似，但区别在于：他认为世界的关键地点在于"心脏地带"周围的拥有大量人口和丰富资源的外缘地区，只要陆缘国家联合起来，就能够通过天然通道进入"心脏地带"。然而，他的这种地缘说未考虑边缘地带的实际地理差异以及制空权对于政治的影响，如今已经基本被废弃。1921年，意大利空军战略理论家杜黑著的《制空权》标志着空权论①也诞生了。

"冷战"结束后，国际政治体系开始重组和重构，国际关系重心从军事和政治领域转向经济领域。各国开始重视国际经济和国际贸易在国际政治中的作用，在对外战略中以发展经济作为首要目标。这种以经济利益和经济关系取代军事对抗和政治关系作为国际关系的主要理论的学说被称为地缘经济学。地缘经济学主要以地理要素为基础，研究如何通过运用经济手段来实现国家利益以及对国际关系的影响。地缘经济学理论的主要代表卢特沃克（Edward N Luttwak）于1990年首次提到地缘政治发展到一定时期会让位于地缘经济，世界各国会聚焦于资源和全球市场。

地缘经济学的基础是地缘政治学，是地缘政治学发展到一定时期的产物，而不是其"替代品"。地缘经济学的产生适用世界各国面对新国际形势发展经济的需要，但并不意味着地缘政治学就此被淘汰。地缘经济学与地缘政治学是相互依赖的。地缘政治学包含地缘经济学，在现代国家之间的政治军事行为必然会受到经济目的的影响，在考虑国家政治军事行为时势必要将国家经济目的考虑进来；地缘经济学也包含地缘政

---

① 空权论主要以军事理论为研究对象，故在本书中不多做描述。

治学，在研究国家经济行为时也需要将国际政治军事形势一同考虑进来。两种学科的研究范围都包含生存空间、国家利益、地理位置等关键主题，两种学科本质上是一个动态平衡系统。对于国际关系，地缘经济从来不可忽视地缘政治，包括由此产生的军事冲突。只要国际关系中存在军事对抗和政治关系，现代国家在制定国际关系政策时就需要地缘政治学作为理论基础。同时，地缘经济学也可促进地缘政治学发展。

在新的历史时期下，各国对于经济的竞争不断加剧，新经济的竞争势必会改变和影响世界各国的政治或军事形势，各国在地缘经济上的对立与合作会影响各国在军事或政治上的对立与合作关系。"一带一路"投资、贸易风险识别与评估需要借助地缘政治学与地缘经济学的相关理论。它尤其有助于追踪历史、全面分析我国与相关国家的地缘政治和地缘经济关系，有助于更加清楚地识别、评价"一带一路"投资贸易国别风险，更加高效地推进"一带一路"建设，实现国与国之间的互利共赢。

4.3　区域经济学与复杂系统论

区域经济学是研究和揭示区域与经济相互作用规律的一门学科，主要研究市场经济条件下生产力的空间分布及发展规律，探索促进特定区域而不是某一企业经济增长的途径和措施，以及如何在发挥各地区优势的基础上实现资源优化配置和提高区域整体经济效益，为政府的公共决策提供理论依据和科学指导。

区域经济学的理论渊源来自古典区位论和古典贸易理论。古典区位论最早起源于德国经济学家杜能（Johan Heinrich von Thunnen）于 1850年所著的《孤立国》。他研究了德国市场与德国农业的关系，设定了"孤立国"这样一种理想的空间，提出了杜能农业区位论。他的理论促进了当时德国农业经济的发展。古典贸易理论则源于英国著名经济学家亚当·斯密（Adam Smith）的《国富论》。《国富论》中亚当·斯密谈到贸易的基础是生产，由于地域存在差异，地域分工必然会出现，并提出了绝对优势理论[①]。在此之上，英国经济学家大卫·李嘉图（David Ricardo）在其《政治经济学及赋税原理》中提出了比较优势论[②]。古典区位论和古典贸易理论构成了古典区域经济学的理论渊源，学者们在此基础上进行了研究，发展形成了古典区域经济学理论。最早比较系统完整的关于工业区位的区域经济学理论著作是阿尔弗雷德·韦伯（Alfred Weber）于 1909 年出版的《工业区位论》。

在此之后区域经济学理论开始演变和发展。在 20 世纪 30 年代西方国家盛行国家垄断资本主义，政府开始进行对于市场经济的干预。东方国度在计划经济体制下，政府有权力将手中的资源在不同区域间进行分配。为了满足国家在进行资源分配时的经济理论需求，区域经济学开始注重市场空间布局与资源配置的研究。近代区域经济学之父是费特尔（F. A. Fetter），他在 1924 年提出了贸易区边界区位理论。他分析了企业竞争力与其生产费用和运输费用之间的关系，认为如果企业的生产费用和运输费用越低，企业就有更大的利润空间和更强的竞争力。他的理论为后面的学者研究市场区位提供了基础和指导。古典区域经济学理论在解决市场区位问题时仅考虑了生产费用而没有涉及针对市场空间与合理布局的分析，而近代区域经济学理论则不同，近代区域经济学理论更注重市场划分和市场网络合理结构的分析，这种分析更能适应国家垄断

---

① 绝对优势理论是指一旦一国某一商品的生产成本低于其他国家，该国就具有绝对优势，可以出口该产品。

② 比较优势论是指国际贸易的基础是生产技术的相对差别（而非绝对差别），以及由此产生的相对成本的差别。每个国家都应根据"两利相权取其重，两弊相权取其轻"的原则，集中生产并出口其具有"比较优势"的产品，进口其具有"比较劣势"的产品。

资本主义经济发展的需求，这是二者之间最大的区别。

　　现代区域经济学是从 20 世纪 70 年代开始兴起的。相比于古典和近代区域经济学，现代区域经济学的研究对象已经从单个企业或城市的区位研究扩大到整个区域内的国民经济体系研究，研究方法从较为单一的静态空间区位研究扩大到复杂的动态空间区位研究。埃德加·M. 胡佛（Edgar Malone Hoover）作为这一阶段的代表人物，其 1970 年出版的《区域经济学导论》成为区域经济学这一阶段的标杆著作。埃德加·M. 胡佛完整地构造了区域经济学的理论体系，对于企业和工业生产布局产生了深远的影响。在这个阶段，现代区域经济学形成了多个学派。首先是继承了近代区域经济学相关理论的地理经济学学派，又称新古典区域经济学派。该学派崇尚采用数学方法解决空间区位问题，就是在新古典经济学的相关数学模型上加入可以表示空间区位的函数，从而能够分析空间区位和企业经济决策之间的关系。其次是演化和复杂性学派。该学派把空间当成一个复杂动态的系统去研究，与采用纯数学方法去研究区位的地理经济学学派相比，该学派更多地使用计算或模拟对经济理论化。再次是新政治经济学派，又称城市和区域新政治经济学或空间新政治经济学。该学派融合区域经济学和新制度经济学、社会经济学、国际政治经济学等理论，从制度、社会、政治多个相互交融的角度来分析如何进行空间区位上的资源分配和管理。最后是生态经济学学派，又称城市与区域生态经济学。该学派强调人类经济和生态系统是动态依存的，应该要把人类经济活动看作自然生态的一部分，从自然和生态系统的角度去研究资源的分配管理。

　　区域经济学发展到现在，不能再简单地从地理学的角度去分析和研究区域经济，这样的研究一定是片面的。对于区域经济的研究，应该要着眼于区域内部内在要素的相互作用，从微观要素出发，以一种复杂思辨的观点去分析和研究。区域的背后是系统。复杂系统论可以作为强有力的理论工具,可以与区域经济学理论融合起来,进一步分析一个区域内经济的发展规律。

复杂适应系统理论(Complex Adaptive System,CAS)是美国科学家约翰·亨利·霍兰德①(John Henry Holland)在 1994 年提出的一种前沿的理论。复杂系统论认为一个系统在发展过程中的动力本质上源于系统内部的微观主体的相互作用。复杂系统论的研究对象是某个复杂的、在持续演化的系统或主体,它的内部关系并不是一种对立统一的关系,其运动难以用现有的科学方法去解释。我国著名科学家钱学森对于系统科学也作出了巨大的贡献。钱学森对于复杂系统论的贡献之一在于提出了"开放复杂巨系统"概念,他认为社会系统是最复杂的系统,是一种特殊复杂巨系统。社会系统的特点是它是开放的系统,系统内部的单元之间可以进行物质、能量和信息的交互作用。钱教授的系统理论对于无论是生产实践、经济研究还是社会管理领域都有着指导性的作用。

近代复杂系统的理论虽然已经提出几十年,也已经取得一些成果,被认为是对 21 世纪科学发展具有指导意义的研究方向。但由于问题的困难是前所未有的,许多至今尚无定论。由于复杂系统理论产生的源泉是实际的复杂系统,比如生命系统和经济系统,因而多数研究表明,它的共性可归纳为:(1)所有复杂系统的共性是涌现(Emergence),也就是说一个复杂系统会涌现出各式各样的版图。(2)这些涌现现象是由混沌边缘(Edge of Chaos)来完成的,换句话说这种由无序到有序过程是由混沌边缘来完成的。从上面所述可知混沌控制就是一种可能机

---

① 约翰·亨利·霍兰德在其《自然系统和人工系统中的适应》《涌现性》及《隐秩序》中对复杂系统进行了详细的描述,包括系统理论、遗传算法以及计算机模型等。

制，但绝不是唯一机制，当然所有其他机制以及有关问题在目前看来还是未解决的。（3）复杂系统一般具有一些通有特点：第一，非均匀性。比如基本单元分布的非均匀性，它们之间相互作用的非均匀性，在时间演化中表现的不可逆性。第二，非线性。这是由于基本单元之间的相互作用而产生的，从而导致系统在各种条件下可能存在无序（混沌）和有序（规则）的解，也就引发了无序与有序之间转化的问题。第三，自适应性。由于复杂系统的开放性，它必定与周围环境发生作用，从生物学上"适者生存法则自然可以想到系统有能力对外界环境作出正确的反应，复杂系统的这种性质就是自适应性。至于自适应性来源，从现在所知来看，有系统参数的自适应和系统结构上的自适应性。第四，网络性。复杂系统在结构上具有网络性，也就是说复杂系统所构成的网络往往具有小世界性质和（或）无标度性质，这种网络的构成是由确定和随机两种因素决定的。

　　"一带一路"建设搭建一个互利互惠平台，从某种意义上说它既涉及区域经济研究，也可视作一个新的社会经济系统，显然，复杂系统理论具适用价值。由于身为复杂系统的区域有着动态性、自适应性和网络性等特点，需要将确定性和随机性的观点有机结合起来，同时结合定性、定量方法去分析，这样才能更科学、合理地研究"一带一路"投资、贸易问题。

4.4　共生效应理论与投资、贸易效率

　　共生理论最早由德国生物学家德巴里（Anton de Bary）于 1879 年提出，其基本观点为共生单元在一定共生的环境中按照某种共生模式所形成的关系称之为共生关系。共生关系有三大要素：共生单元、共生模式、共生环境。共生单元是构成共生体或共生关系的基本单位。共生模

式是共生单元相互作用、相互结合的方式。共生环境是指共生单元以外的所有要素，是共生关系产生和发展的基础。共生关系最初被应用于生物学，生物学上的共生是指不同种属按照一定的关系生活在一起，这种生存状态包括了不同种属的不同特性。

20世纪中叶以来，共生理论开始应用于社会科学研究，以医学研究、经济研究和农业研究为主。西方社会学家发现，随着人与人之间的沟通、人与物之间交换越来越频繁，在庞大的人类社会中人人、人物之间已经形成了一种相互依存的共生关系。袁纯清于1998年首次将生物学上的共生概念扩展到社会科学领域。他通过人为地界定相关概念，系统性地阐述了共生理论作为一门社会科学在社会科学领域的基本逻辑框架和分析方法。

随着对共生关系的不断深入研究以及金融市场的不断完善，学者们发现一个国家的金融结构同样可以用共生理论去分析和研究。1998年斯约翰夫·蒂格利茨（Joseph E. Stiglize）首次提出了金融系统中的共生理论。金融共生是指规模和性质各异的金融组织之间、金融组织与各种企业之间、金融组织与区域经济之间在同一共生环境中通过交互式作用实现和谐发展，达到包括金融组织在内的整个经济区域的可持续发展，或者说达到了区域金融生态平衡。金融共生中的共生单元是各种类的资金供给方，如银行、保险、基金等；资金需求方，如企业等；以及各种中介机构，如担保、信用评级机构等。金融共生中的共生模式就是指各个金融机构之间、金融机构与社会经济利益体之间、金融机构与中介机构之间相互作用或相互结合的形式。各金融共生单元通过金融共生模式相互协作、取长补短，产生共生效益。金融共生中的金融共生环境是指除金融共生单元之外的所有要素之和，如法律环境、经济环境、国际环境、人文环境等。

　　金融共生有助于实现多层次金融体系生态平衡，并促进金融生态多样性的发展，而金融生态多样性与海外投资效率挂钩，金融生态多样性对于海外投资效率具有积极的正向作用。耶鲁大学教授雷蒙德·戈德史密斯（Raymond W. Goldsmith）于 1969 年通过研究发现，金融结构的优化对于海外投资效率是具有正面影响的。这种金融结构的优化其实就是金融生态多样性的一种体现，是金融共生的结果。我国也有学者对此进行了研究。杨柳等（2018）基于多国数据发现东道国金融生态多样性对于国家直接对外投资贸易效率有着显著的促进作用，但是没有给出二者之间的作用机理。唐安宝等（2019）发现金融生态多样性可以显著促进对外投资贸易效率，而融资效率对金融生态多样性与对外投资、贸易效率之间的关系具有中介效应，这种效应具有地区异质性，"一带一路"可以增强金融生态多样性对于对外投资贸易效率的正向影响。

　　在国际贸易中，投资贸易效率是指实际贸易量与理论值"贸易潜力"之比，反映了在既定的经济规模、地理距离等自然条件制约下，一国的贸易潜力得以实现的程度。可以说，贸易潜力与贸易效率之间有着密不可分的关系。贸易引力模型是测算贸易潜力最常用的方法，Nilsson（2000）和 Egger（2002）将传统引力模型估算出的双边贸易拟合值称为"贸易潜力"，也可以理解为，现有贸易阻碍因素作用最小情况下的最大贸易量就是贸易潜力。就贸易潜力相关研究来说，主要集中在构建贸易指数和构建引力模型两方面。前者通过贸易结合度、贸易互补性指数等指标对两国间的贸易互补性、竞争性及便利性进行比较，方法简单，在此基础上可以根据分析需要对行业、产业等细分，但其局限在于只适用于两国间的比较，且同时不能体现国内生产总值、人口等多种贸易因素的影响。后者通过构建贸易引力模型，比较实际值与理论值的比值即对两国间的贸易效率进行分析，根据考虑人为因素与否又分为传统引力模型和随机前沿引力模型,与前者相比,其优点在于可实现多个国家多时间段的贸易效率的比较。

不管国内国外相比于贸易指数,采用引力模型在贸易潜力、效率测度的应用过程中更具有普遍性,而随机前沿分析方式在引力模型中引用相比于传统引力模型更具有普遍性。一方面,引力模型适用于多个国家,且能明确各种要素对贸易流量产生的影响,更适用于现在和未来各个国家和区域之间贸易往来蓬勃发展的趋势;另一方面,随机前沿分析方法弥补了传统贸易引力模型无法纳入不可测量且不易量化的或者制度性等限制两国之间贸易的因素的缺陷,估算出我国与沿线国家之间的最优贸易水平。

在"一带一路"建设过程中,研究"一带一路"投资贸易的风险管理问题除了研究风险之外,还要研究与风险相匹配的效率问题。由于"一带一路"建设中存在着大量的对外投资贸易,研究对外投资贸易的效率问题显得格外重要。从共生效应的角度出发研究我国对外投资贸易效率问题,可以厘清金融多样性和投资贸易效率之间的关系,便于国家在建设"一带一路"时对于金融资源进行合理的统筹与规划,在有限的风险下提升投资贸易效率。

4.5　风险管理与保险

工业革命后,随着新科技的诞生和应用,人类社会的生产力得到了巨大的提升。但与此同时生产力的提升也带来了诸多问题,如企业巨额损失概率的增加、损害范围的扩大,等等。这些问题的出现提高了人们对于企业安全的需求以及对于风险需要进行管控的意识。之后,风险管理的发展历经了三个阶段,分别是传统风险管理阶段、现代风险管理阶段和全面风险管理阶段。

风险管理最早始于美国。1931 年美国管理协会（AMA）第一次明确提出了企业风险管理的重要性并开始研究风险管理与保险问题。1953 年通用汽车公司某汽车变速箱工厂发生的火灾案件使通用汽车公司遭受巨大损失，这也让美国企业认识到了风险管理的重要性，学者们开始投入风险管理领域的研究之中。20 世纪 80 年代后，风险管理理念开始进入亚洲和非洲，然后迅速在全球流行。至此，风险管理成为公司三大重要管理活动（策略管理、经营管理和风险管理）之一。在这个传统风险管理阶段，学术界诞生了很多风险管理理论，如 1952 年的马科维茨（Harry M. Markowitz）投资组合理论；1965 年夏普（William F. Sharpe）在马科维茨投资组合理论的基础上形成的资本资产定价模型理论；1976 年罗斯（Stephen Ross）的套利定价理论；莫顿（Robert Carhart Merton）和斯科尔斯（Myron Samuel Scholes）在 1973 年提出的期权定价理论，等等，这些研究理论和成果大大促进了风险管理的发展。但在这个阶段，企业管理风险还主要局限于局部、单一层面，并没有形成全面、综合性的风险管理技术。

20 世纪 80 年代末，国际金融在全球得到高速发展，在全球化的大环境下，企业开始面临越来越复杂多样的风险。墨西哥金融危机和亚洲金融危机使人们发现企业管理风险不能仅仅局限于单一部门或某项业务上，而是要将各个风险整合起来从整个企业的角度看风险。这个阶段在风险管理领域发生了三个重要事件。一是首席风险官（CRO）的诞生。这是风险管理由传统风险管理向现代风险管理阶段过渡的重要节点。二是在 1995 年澳大利亚/新西兰风险管理标准由澳大利亚标准委员会和新西兰标准委员会正式提出，这是全球风险管理业第一个企业风险管理标准。在此之后，一些其他发达国家也出台了全国性的风险管理标准。三是全球风险管理委员会（GARP）的成立。GARP 协会的主要贡献在于促进了风险管理方面的信息交流、开展了风险管理的资格认证考试以及制定金融风险管理领域的技术规范和评价标准。

1999 年《巴塞尔新资本协议》标志着全面风险管理发展阶段的正式开始。巴塞尔委员会认为市场风险和操作风险需要被纳入银行资本约束的范围,提出最低资本要求、监管当局的监督检查和市场纪律三大监管支柱,蕴含了全面风险管理的理念。2004 年 COSO 委员会发布的《企业风险管理整合框架》中对风险管理的概念、内容和框架进行了整合,把关注重点放在企业全面风险管理领域,形成了现代全面风险管理理论的核心。目前,世界上已有 30 几个国家发表了对各国企业的监管条例和公司治理准则。在各国的法律框架下,风险管理已经不再是企业的自发行为,风险管理已经成为企业在经营过程中的合法合规要求。

在现代风险管理概念中主要管理两大类风险,纯粹风险和投机风险。纯粹风险是指只有损失机会而无获利可能的风险。此类风险可能造成的结果无外乎是有损失和无损失两种情况。一般处理纯粹风险的手段分为四种:风险规避、风险控制、风险自留以及风险转移。风险规避是指主动避开可能发生风险损失的项目。风险规避虽然可以从根本上消除隐患,但不是所有风险都可以或者应该规避的。风险控制是指通过风险控制活动降低风险损失发生的概率或风险损失发生的严重程度。风险控制之前需要进行控制成本与潜在损失的比较。风险自留是指企业主动或被动地承担风险,企业将可能遭受的损失通过内部资源吸收。风险转移是指企业通过签订保险合同将风险转嫁给保险公司承受。企业在面临损失可能时会提前向保险公司支付一笔保险费,一旦损失发生,保险人就必须在保险合同规定的责任范围内向企业支付保险金作为经济赔偿。

投机风险与纯粹风险不同,投机风险是指既存在损失机会又存在获利可能的风险。对于这部分风险管理的核心理念在于在承受既定风险的条件下获得最大收益或在获得既定收益的情况下承受最小风险。一般管理投机风险的手段和处理纯粹风险的手段类似，也分为风险规避、风险控制、风险自留和风险转移。不同点在于在管理投机风险时风险规避虽然规避了损失，但也同样放弃了获利的机会。管理者需要对此进行权衡。投机风险的风险转移难以使用保险工具，因为保险工具一般情况不承保投机风险。投机风险的风险转移主要使用如金融衍生品等金融工具将企业面临的市场风险、信用风险进行对冲，从而避免受到损失。

在进行风险管理时，有一种企业经常会用到的风险转移工具就是保险。保险是指投保人，也就是风险转嫁的需求方根据合同规定向保险人支付保险费，一旦损失发生，保险人在合同约定的保险责任范围内向保险受益者给付保险金的商业保险行为。保险作为风险转移工具历史悠久，早在1347年的意大利佛罗伦萨就签发了历史上第一单船舶航运保险契约。后来随着各种保险需求的不断出现，保险业不断分化，出现了海上保险、火灾保险、人寿保险等满足不同种人群的需要，现代保险制度已经悄然诞生。

如今，商业保险按照保障范围可以分为四类：人身保险、财产保险、责任保险以及信用保证保险。人身保险的保险标的是人的生命或身体，当被保险人的生命或身体发生保险事故或保险期满时，保险人要按照保险合同上规定的金额向被保险人或保险受益人给付保险金的保险方式。人身保险包括人寿保险、人身意外伤害保险以及健康保险三种。人寿保险又可分为死亡保险、生存保险、两全保险、年金保险等，健康保险又可分为医疗保险、疾病保险、护理保险等。人身保险的存在能够满足人民的基本保障需求，是国家社保体制的必要补充，促进了国民经济平稳发展。财产保险的保险标的是保险人承保的财产以及相关利益，当这部分财产以及相关利益因为自然灾害或意外事故而造成投保人损失时，保险人必须要按照保险合同的约定承担相应的赔偿责任的保险方式。常见的财产保险有货物运输保险、运输工具保险、农业保险、工程保险、海上保险、飞机保险、铁路车辆保险等。责任保险的保险标的是被保险人对他人依法应付的民事赔偿，当被保险人依法对第三者应付民事赔偿责任，并被提出赔偿要求时，由保险人代替被保险人承担赔偿责任的保险方式。责任保险一般只承保被保险人的过失民事责任，不承保故意行为的责任。责任保险根据业务内容的不同可分为公众责任保险、产品责任保险、雇主责任保险、职业责任保险和第三者责任保险等。信用保证保险的保险标的是合同双方权利人和义务人的经济信用。其中，信用保险是指当被保险人的信用放款或信用售货，债务人拒绝履行合同或不能清偿债务时，保险人要对于被保险人所受到的经济损失承担赔偿责任的保险形式。主要类型有商业信用保险、出口信用保险、投资保险等。保证保险是指保险人承保因被保证人行为使被保险人受到经济损失时应负赔偿责任的保险形式。与信用保险的不同点在于，保证保险是由被保证人根据权利人的要求，请求保险人为自己的信用做担保，而信用保险是权利人要求保险人为被保证人的信用做担保。保证保险主要分为三类：合同保证保险、忠实保证保险、商业保证保险。

在当前复杂的国际形势下，"一带一路"投资贸易会遇到各种各样的风险，对于这些风险的管理需要借助于风险管理与保险的相关理论。其中，风险管理理论中包含了风险识别和风险管理的技术，能够帮助国家和企业在"一带一路"投资贸易的过程中准确识别相关风险，对于不同种类的风险采用不同的风险管理技术进行管理。此外，保险作为一种重要的风险管理手段，在"一带一路"投资贸易风险管理过程中有着无法替代的作用。在对于需要进行风险转移的投资项目进行风险管理时，保险能够将风险转嫁给能承担该风险的公司和企业，可以保证投资项目的平稳建设。

第5章
"一带一路"投资、
贸易国别风险识别与评估

"一带一路"建设的合作目标是要建立一个政治互信、经济融合、文化包容的利益共同体、命运共同体和责任共同体，是包括欧亚大陆在内的世界各国，构建一个互惠互利的利益、命运和责任共同体。从一定意义上来说，它具有非常大的发展潜力，沿线各国经济交往历史悠久，多数地理邻近相通，具有民族文化认同基础，但它也是政治动荡、大国干涉、种族冲突和突发战争较多的地区，还存在基础设施落后、金融体系脆弱、贸易保护主义严重，以及大国博弈带来经济政策大幅波动等问题，尤其在新冠肺炎疫情下，世界局部或相互间的政治、经济、外交关系恶化，使"一带一路"投资、贸易面临多种不确定性和可能的损失，因而国家风险识别显得尤为重要。

5.1 国家风险与国别风险概念及特征

5.1.1 国家风险界定

如本书3.1.1中所述，国家风险学界并未形成一致的概念，但对众多中外研究文献梳理后发现，国家风险大致可归为狭义概念和广义概念，两者属于包含关系，在通常的分类中又与主权风险、政治风险存在交叉重叠。

狭义的国家风险一般指国家主权风险（广义的主权风险概念），即在国际经济活动中，由于国家的主权行为所引起的造成损失的可能性，它也可能与国家社会变动、政治因素等有关。它也可分为主权风险（狭义）转移风险、政治风险（狭义）：在主权风险的范围内，国家作为交易的一方，通过其违约行为（例如停付外债本金或利息）直接构成风险，通过政策和法规的变动（例如调整汇率和税率等）间接构成风险；在转移风险范围内，国家不一定是交易的直接参与者，但国家的政策、法规却影响着该国内的企业或个人的交易行为；政治风险（狭义）主要是指境外银行受特定国家的政治原因限制，不能把在该国的货款等汇回本国而遭受到的风险等。

广义的国家风险是指经济主体在与非本国居民进行国际经贸与金融往来时，由于别国经济、政治和社会等方面的变化而遭受损失的风险。

国家风险的特性体现在：它是和国家主权有密切关系的风险，表现在东道国制定的有关法律、法令对外国投资者或外国经营者的一些不利规定或歧视待遇；存在或产生于跨国的金融经贸活动中，属于国际之间经济交往的风险；是指一国的个人、企业或机构作为投资者或债权人所承担的风险，这种风险是由不可抗拒的国外因素形成的；源于东道国的法律和法规有强制执行性，这种风险非合同或契约条款所能改变或免除。

国别风险与国家风险概念相似，并无定论，通常与广义的国家风险混用，只是从字面理解，多了一层不同国家比较的意思。它们具有长期性、人为性（如战争、政权更迭、极端主义等）、传播性（如新冠肺炎）、复杂性的共性特征。

5.1.2 国家风险分类

一般地说，广义的国家风险大致可分为三大类：政治风险、经济风险、社会风险。

5.1.2.1 政治风险

政治风险是东道国的政治环境或东道国与其他国家之间政治关系发生改变而给外国投资企业的经济利益带来的不确定性（陆雄文，2013）。政治风险主要包括东道国的没收征收、政治干预、政权更替；东道国社会动荡和暴力冲突；东道国与其他国家关系恶化等，通常政治风险一旦发生会造成不可估量的损失。

政治风险也可分为广义和狭义：前者主要因种族、宗教、利益集团和国家之间的冲突，或因政策、制度的变革与权利的交替造成损失的风险；后者是指商业银行受特定国家的政治动荡等不利因素影响，无法正常收回在该国的金融资产而遭受损失的风险。其中，国家之间的冲突包括与别国发生战争的可能性，或外力入侵、内战、恐怖事件引起的动乱、意识形态分歧、经济利益冲突或地区性冲突、党派纷争等因素造成的风险。恐怖袭击也是当代面临的严重威胁，它指恐怖组织或恐怖分子为了达到其政治、经济、宗教、民族等目的，通过实际使用或威胁使用武器和各种手段，导致人员伤亡，造成公众心理恐慌，破坏国家安定，妨碍经济发展的严重损失事件。

5.1.2.2 经济风险

经济风险主要指内外部经济不利因素和不确定性可能造成的损失，广义概念包括金融风险。宏观经济风险是指由于东道国通货膨胀、利率变动、汇率波动、经济状况变动等带来的风险。从外部环境看，当全球经济形势发生变动时，一国的市场经济形势也会随之发生变动，如当前受新冠肺炎疫情影响叠加种种政治因素，全球经济整体下行，国际投资收缩、贸易疲弱，原油及大宗商品价格大幅波动，汇率不利变动或货币贬值，贸易结算障碍等，导致局部区域经济金融风险不断涌现。从内部经济运行看，市场次序紊乱、消费需求不足、企业破产频繁出现等均属于经济风险的表征。

5.1.2.3　社会风险

社会风险是指由于非经济因素形成特定国家的社会环境（包括法律环境）不利因素而造成的损失，也可认为它是一种导致社会冲突，危及社会稳定和社会秩序的可能性。它包括分配不均、与政府对抗、结社群斗、失业人口增加与不安定、宗教纷争、社会各阶层对立等产生的风险；也包括法律法规环境引起的风险，如立法不完备，执法不公正，合同相对人容易发生失信、违约、欺诈等现象。另外，宗教势力和意识形态对外来文化的不能完全接受或排斥，人们的思维习惯和工作方式在特定社会中存在较大差异，容易出现矛盾与冲突。

5.1.3　国家风险特征

国家风险特征归纳起来主要显现为：

1. 长期性。广义地说，自从国家机器成立，国家之间有经济交往，国家风险便相伴而生。

2. 突发性。通常在较短时间内发生，无预兆、无准备，也没有特别的发生方式，突如其来，不易预测，也难以及时预防，如战争、政权更迭、极端主义等造成的损失事件。

3. 传播性。由于经济、社会发展到一定程度，国与国，尤其是合作贸易伙伴之类的关系，一国的货币、汇率、税率等变动，传导到关联项目国家、地区，造成损失。

4. 交叉复杂性。国家风险发生与多种因素有关，且多因素关系交织、作用方式路径各异，导致有的事件直接造成损失；有的是潜在的威胁但可能持续较长时间；有的事件本身还可能是范围更大的突发事件中的一部分。

5. 人为性。从国家风险概念可知，国家是人为操纵的，狭义的国家风险就是政府违约，即政府决策层作出的最后决定和处置，这当然是人的意志体现；即便由经济社会的若干复杂因素所致，但其操作层面仍然是人为因素影响的。虽然某些国家风险由复合原因所致，事发突然，但其幕后均与人的因素相关，甚至主要是人为因素。

5.2　"一带一路"投资、贸易国别风险识别

从上述国家风险概念可见，它包含若干具体分类。"一带一路"沿线多数国家、地区风险度较高，投资、贸易主要面临以下共性风险。

5.2.1　主权与信用风险

由于在所有投资风险中，主权风险是第一位的，因而在讨论国家风险时更多地关注主权风险（即狭义的国家风险），也是"一带一路"投资、贸易面临的主要风险。主权风险也可分为广义和狭义，前者不仅包括主权债务的违约风险，而且包含主权政府干预所造成的风险；后者仅指一国政府或政府支持机构不能按照贷款合同条款规定的方式偿还本金和利息。

一般来说，主权风险具有三个特征：一是政府的偿付意愿在主权风险中占据重要地位，私人部门债务违约通常主要是由偿付能力不足引起的，一个主权政府很可能因政治原因而违约；二是若主权政府不履行债

务,外国债权人很可能得不到任何补偿,或仅获象征性赔偿;三是主权债务缺乏有效的担保,主权本身就是最终担保人。由于不存在一个超主权的权力机构来迫使跨境合同强制执行,当主权政府选择不执行与外国债权人签署的债务合同时,外国投资者几乎没有任何救济渠道来挽回其损失。因此,外国投资者与主权政府的债务契约能否执行既取决于主权政府的偿还能力,还取决于它的偿还意愿。

我国对"一带一路"的投资贸易,主要集中在资源物资较丰富和经济欠发达的国家,这些国家、地区大都社会动荡、局部战争和恐怖活动频现,尤其中东、中南亚、非洲一些国家政局不稳,有的还外债高企,一国政治事件与多国牵扯,关系到多国利益集团的利益,导致矛盾丛生,主权风险一触即发。当今世界,动荡的国际市场、不稳定的多边贸易关系、疫情尚未控制,多重冲击下沿线各国经济普遍陷入衰退,一国政策也可能随时变动,主权违约风险日渐加大。

主权风险实质上也是一种信用风险。信用风险是指借款人因各种原因未能及时、足额偿还债务或银行贷款而违约的可能性,发生违约时,债权人将遭受财务上的损失。当违约主体为国家、政府时,称为主权风险。企业投资除了主权风险以外的信用风险还会出现因海外企业、个人原因的商业违约、失信等情况产生的风险,如买方破产、款项拖欠、商誉破坏等。

5.2.2　法律与社会风险

依据国际律师协会(IBA)对企业法律风险的定义:企业因经营活动不符合法律规定或者外部法律事件导致风险损失的可能性。"一带一路"沿线国家众多,所属的法律体系也有不同,有的国家实行大陆法系,有的国家实行英美法系,法律法规不同;各国的法律法规体系内容的完备性、强制性、统一性也有差异，尤其是东道国在基础设施、贸易投资和税收等方面和我国的相应法律法规差异巨大，如斯里兰卡和东欧一些参与国的劳动力法律保护程度较高，种种相关法律风险因素均可引起风险事件。

随着美国对我国挑起"贸易战"，世界各国贸易保护主义普遍加强，"一带一路"沿线也有国家为保护本国贸易，采用形式复杂和方法隐蔽的手段限制我国商品进入本国市场，针对性地修改海关规则或相关法规，使得法律风险增大。另外，由于企业自身法律意识淡薄，对法律环境认知不够，依法治企的能力与法律环境变化存在差距，企业经营决策时法律风险考虑不够，还有个别企业无视法规，违法经营，这些均使得企业面临较高的法律风险。同时，一些法规、标准、规则等也构成重要风险因素，如中国对外投资的一大部分是海外工程和资源开发等，环保标准、法规等影响较大。"一带一路"沿线国家虽然大多处于经济发展起步期，环保意识较欧美发达国家薄弱，但是随着全球环境问题的日益凸显，各国对环境问题越来越重视，加之环境问题还可能夹杂其他外围复杂因素。另外，与东道国伙伴合作时，双方的法律理解也可能会出现一些偏差。再如，中国高铁标准不被欧盟认可，中国要进入中东欧市场，相关产品需要达到欧盟标准，项目所有配套技术都需要经过欧盟认证，这类标准成为阻碍我国企业进入欧洲区域的重要制约因素。从执法环境看，司法的公正性、执法的随意性、腐败的严重性以及争端解决机制的不同，都会给企业带来不可预期的法律风险，如印度尼西亚、菲律宾的严重腐败问题，都影响其司法的公正性。

除上述以外，各国的文化差异也构成社会风险。"一带一路"辐射面广，沿线各国文化习俗千差万别，中国跨国企业与东道国的语言、风俗习惯、价值取向以及宗教信仰等方面差异明显，基于东西方文化差异与冲突产生的商业文化差异,给中国企业海外投资贸易带来一定的障碍和困难,也增加了中国企业海外投资的不确定性。

5.2.3　地缘政治风险

"一带一路"建设、中国企业"走出去"基本都面临两个方面的地缘政治风险:一是与美国、俄罗斯、日本等大国的战略博弈,二是沿线地区政局不稳定所带来的投资风险。

"一带一路"地缘政治风险还有一部分来自西方国家对中国倡议的误读或者别有用心地歪曲解读。从大国博弈角度来看,区内区外大国对"一带一路"建设产生较大疑心,并采取相应的政策,从而对中国与沿线国家关系治理构成挑战。从近代历史来看,中国也有与某些国家存在双边互信不足、边境争端等问题。有的并不是中国的主要经贸合作伙伴,加之恐怖主义在一些"一带一路"沿线国家和地区频繁引起的骚乱动荡和政治变局。"一带一路"建设周期长,风险长期暴露,地缘政治、大国博弈等各种风险因素交织在一起,因此"一带一路"建设从整体上面临较高的地缘政治风险。

5.2.4　融资与金融风险

"一带一路"建设资金需要量大,传统项目融资方式受到挑战,一些项目存在资金缺口需要承包商来依赖融资解决,如带资承建中东欧高铁等基础设施项目,这类现象将长期普遍存在,传统的 BOT(建设—运营—转移)或 BOOT(建设—运营—拥有—转移)等方式都存在经营风险及资金回收慢的缺陷,中国政府与企业比较青睐的交钥匙工程即 BT(建设—转移),不承担运营过程中诸多不确定因素,但东道国接受也有限。另外,公私合营(PPP)、投资合作基金、亚投行和丝路基金所提供新的融资模式还有待长期实践检验。

除了融资风险以外的金融风险还体现在："一带一路"沿线各国的经济发展水平、经济制度开放水平及对待外资态度不同，且大多数是经济、技术较为落后的新兴经济体和发展中国家，金融体系不健全，经济发展较多依赖单一资源，容易受到金融危机、经济波动、热钱等情况的影响。一旦遭遇金融危机，不仅仅是金融体系的脆弱性暴露，而且依据金融风险的高传递性、高破坏力等特性，各国的金融经济大厦也会随之受到危害。2015 年以来，主要经济体均开启大规模量化宽松政策，试图刺激经济复苏，但近两年贸易保护主义盛行，恐怖主义事件频现。2020 年以来的新冠肺炎全球疫情迟迟不能控制，受美元持续超发、大水漫灌的影响，债务危机不言而喻，发展中国家金融系统更具脆弱性。此外，汇率不利变动或货币贬值，导致债务人持有的本国货币或现金流不足以支付其外币债务的风险；金融系统基础技术落后，结算延迟、不稳定的汇率制度等也构成主要的金融风险因素。

5.3　"一带一路"投资、贸易国别风险因素及其作用方式

一般来说，风险事件发生与一定条件下多种风险因素有关，风险因素是指引起或增加风险事故发生的机会或扩大损失幅度的原因和条件。而风险因素导致风险事件发生也有多种作用方式。

5.3.1　投资、贸易风险事件发生的主要影响因素

5.3.1.1　政策与制度因素

一国政府对投资、贸易的整体或部分支持或限制（包括支持或限制的力度）；已有法规制度对投资、贸易活动的"有利"或"不利"因素；还有一些国家基本制度制约下的产权制度（包括知识产权保护

等)、企业制度以及劳动工资制度等都会对投资、贸易活动产生影响,即使在经济发展水平相当的国家,这些影响也有各种区别。再则,一国政策与制度的相对稳定性也是其重要的影响。

5.3.1.2 外部环境因素

外部环境因素主要指一国所面临的外部政治经济环境影响因素,如与某国"结盟",签订排他性投资贸易合作协议。国际政治经济环境中变化也是其影响因素之一,如特朗普政府的"美国优先"就是恶性范本,虽然多数国家公开反对贸易保护主义,但基于本国贸易利益,也会有意无意、主动被动地加入贸易保护主义的乱战中。尤为严重的是,近几年美国不断挑起"贸易战",滥用世界贸易组织规则,欧洲国家、日本、澳大利亚、加拿大等国跟随响应,不承认中国市场的经济地位,继续对中国实行"替代国"地位,导致贸易争端频发。新冠疫情全球爆发以来,全球化出现梗阻,也对"一带一路"投资、贸易带来种种不利因素。

5.3.1.3 自然与社会因素

一国的自然环境、自然灾害发生情况均构成投资贸易风险因素,如地震、台风、泥石流等灾害;在工业化过程中的环境污染、水污染等。社会环境风险因素如文化、习俗和生活态度等一类非物资形态的因素也会影响损失发生的可能性和受损的程度。这类因素还包括道德和行为风险因素两种:道德风险因素是指人们以不诚实、或不良企图、或欺诈行为故意促使风险事故发生,或扩大已发生的风险事故所造成的损失的因素;行为风险因素是指由于人们行为懒散松弛,在工作中容易粗心大意和注意力分散,引发风险事件发生的机会和扩大损失程度的因素。

5.3.1.4 经营技术因素

经营技术因素主要指自身在投资、贸易各技术环节的问题，如投资、贸易项目的前期调研、风险识别与评估、风险控制与转移等方法、措施是否全面、充分；国际技术谈判中的关键内容是否表达清楚；合同签署的权利、义务和责任关系是否准确无误等。另外，由于企业缺乏过硬技术和产品，缺乏国际化经营经验和人才，在经营过程中未能进行科学决策等为此类风险因素。

5.3.2 风险因素的作用方式

风险因素也是引起风险事件的潜在原因。风险因素、风险事故和损失是风险构成的三要素。风险因素通过风险事故（件）引发损失结果，这三者构成风险统一体，相互之间存在一定的因果关系，即风险因素可能引发风险事故，风险事故可能导致损失，但均是在一定条件下发生的。

风险因素 —一定条件下→ 风险事故 —一定条件下→ 损失

投资、贸易风险事件亦然，它的发生是风险因素在一定条件下引起，又在一定条件之下造成损失和扩大损失。这里的"条件"如信用风险多数出现在：（1）经济下行周期时，由于经营状况恶化，借款人因各种原因不能及时足额还款的可能性增加；（2）债务人遭遇影响经营运转的重要事件，如产品质量诉讼、生产停顿等。投资、贸易风险事件发生，不仅与多种因素和条件有关，还与多因素作用方式有关。探析这些事件风险的多因素作用方式，对于风险识别管控，包括运用保险工具进行风险分解和转化均具有重要的实践意义。常见的风险因素作用方式有三类，分别是并列作用、叠加作用、递进作用（见图5-1）。

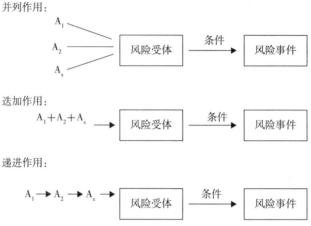

图5-1　多风险因素的主要作用方式

5.4　"一带一路"投资、贸易国别风险评估

5.4.1　国家主权信用评级概述

国家主权信用评级（Sovereign Rating）是指评级机构依照一定的程序和方法对主权机构（通常是主权国家）的政治、经济和信用等级进行评定，并用一定的符号来表示评级结果。已有的国家风险评级主要是国家主权信用评级，是对主权国家的信用评估，反映了国家的偿债能力和违约可能性，直接影响被评级国家的金融安全。

在学术层面，首先是《欧洲货币》杂志——世界著名的金融月刊，它对国家风险的评估结果具有一定的权威性。它采取的主要指标是：经济性数据、政治风险、债务指标、债务违约或延期情况、资信等级、银行财务状况、短期融资状况、资本市场指数等。其次，《机构投资者》杂志也是著名的国际金融刊物，它每年根据其对大约75

个 ~100 个国际性营业银行的调查（据不同银行的情况给予不同的权数），分两次公布其对国家风险评估的结果。两刊各有偏重：后者评级的依据是世界上主要银行的国家风险评估系统的评级结果，前者是以市场反应为依据。此外，还有一些欧美大学、学术研究机构的报告也具有一定的权威性。

而从实务层面，西方世界经过多年经营，打造了当今世界最具影响力的三家信用评级机构，它们分别是标准普尔（Standard & Poor's）、穆迪投资者服务公司（Moody's Investors Service）和惠誉国际信用评级公司（Fitch），前两家均是美资公司，惠誉是唯一的欧资国际评级机构。标准普尔被美国证券交易委员会（SEC）认可为全国认定的评级组织（NRSRO），穆迪公司则是国际权威投资信用评估机构，同时也是著名的金融信息出版公司。另外，对保险业，除上述三家外，还有一家专门从事保险公司评级的信用评级机构——贝氏（A. M. Best）。它们对国家主权评级采用的指标，除了主要对一个国家国内生产总值增长趋势、对外贸易、国际收支情况、外汇储备、外债总量及结构、财政收支、政策实施等影响国家偿还能力的因素进行分析外，还要对金融体制改革、国企改革、社会保障体制改革所造成的财政负担进行分析，最终综合评级。根据国际惯例，国家主权等级列为该国境内单位发行外币债券的评级上限。

主权信用评级的表示方法在各个商业评级公司各有不同，一般单独用字母或配合数字来表示。以三大评级机构为例，穆迪的长期主权信用等级表示法从 AAA 到 C 共 21 级。尽管等级分类较多且细致，但总体上说，这些分级一般都分为两大级别，即投资级别和投机级别，前者表明该国主权信用等级高，债务无风险，后者表示风险较大，债务偿付可能得不到保证。

一直以来，世界三大评级机构对全球经济公司和国家信用都有很大的影响，有观点认为它们是整个金融市场权力极为庞大的"无冕之王"，但 2008 年国际金融危机之后，全世界反思整个金融危机的成因，信用评级公司的误导难逃其责，人们越来越清楚地认识到世界评级市场缺乏监管的问题。

进入 21 世纪，中国越来越重视信用评级发展，并有不少研究机构（如中国社科院世界经济与政治研究所）和专业公司（如中国出口信用保险公司）对主权国家信用评级进行研究并作出年度报告。社科院世界经济与政治研究所 2014—2020 年连续发布《中国海外投资国家风险评级报告》，中国信保则从 2005 年开始对外发布《国家风险分析报告》。中国终究打破了西方世界在此领域的"一统天下"的局面。

5.4.2 国家风险评估方法

5.4.2.1 定性分析方法

国家风险的定性分析是通过对构成国家风险的主要因素进行信息和数据的采集，由国家或专业机构进行分析，从而得出对目标国所存在国家风险的评定结果。主要采用以下四种分析：结构定性分析、清单分析、德尔菲法、政治经济风险指数。

5.4.2.2 定量分析方法

1. 多重差异分析法

多重差异分析的中心环节是构建债务重组可能性的临界值函数：

$$z = a_1 x_1 + a_2 x_2 + \cdots + a_n x_n$$

Z 为债务重组状况的变量，x 为独立解释变量，a 为解释变量的系数。

假定 Z^* 是债务重组发生的临界值（该值由反复地使成本函数最小化而得到），则当 $Z < Z^*$ 时，债务重组事件发生，即国家风险可能出现。若当 $Z > Z^*$ 时，则非债务重组事件发生，即不可能存在国家风险。

2. Logit 模型分析

多重差异分析相对应，Logit 模型分析的核心是多重伯努利试验，以确定一国可能发生债务重组事件的概率。

$$Z_t = a_1 DSR_{t-1} + a_2 RSM_{t-1} + a_3 G_t + a_4 Y_t + a_5 h(CAX)_{t-1}^2$$
$$+ a_6 PD_{t-1}/X_{t-1} + a_7 A_{t-1} + a_8 S_{t-1} + a_9 GEX_t + a_{10} L_t$$

式中，Z 表示债务重组状况；DSR 表示偿债率；RSM 表示储蓄与进口的比率；G 表示国内经济增长率；Y 表示本国收入水平；CAX 表示经常账户赤字与商品及劳务的出口比率；P 表示通货膨胀；D 表示总外债；X 表示出口；A 表示分期率；S 表示国内储蓄与 GNP 的比率；GEX 表示出口增长率；L 表示全球信用的充裕程度；t 是指当年的资料；$t-1$ 则是指前一年的资料。

这样，发生债务重组的概率便是

$$P = P_1/1 - e^{-2}$$

设 P^* 为临界值，则当 $P > P^*$ 时，将会发生债务重组事件，当 $P < P^*$ 时，说明该国不会发生偿债困难。

3. 政治不稳定性模型

1987 年，西特尤（Citron）和尼科尔斯伯格（Nickelsburg）创立了政治不稳定性模型。其分析思路是，假设 f 为政策目标函数，G 为国内支出，D 为债务支付，r 为政治不稳定性，E 为汇率，P 为国内物价水平，X 为出口，M 为进口，T 为税率，R 为国际储备，Y 为国民收入，则政府的约束函数可用下式表示

$$f = f(G, D, r)$$

$$PG + ED = p(X - M) + TPY + EDR$$

在 r 值较高即政治非常不稳定的情况下，对 $f(G, D, r)$ 最大化的结果将会是对外国信贷者的支付少于或等于 D，从而发生债务重组事件，不利于跨国信贷的债权银行。

4. CAPM 模型分析

通过计量公开市场上不同国家资本的回报水平，利用 CAPM 模型衡量国家风险。该模型关键在于找到一个国家的无风险回报率、国家的 B 值以及特定国家的权益风险溢价。每个国家的无风险利率可以由该国的长期政府债券收益率为代表，比较各国市场指数与世界市场指数的波动性，可以估算出每个国家的 B 值。

5.4.3　我国对"一带一路"参与国主权信用评级

自"一带一路"倡议提出以来，我国有专门报告参与国的主权信用评级（如《2017"一带一路"能源资源投资政治风险评估报告》）或在子报告中（如中国社会科学院世界经济与政治研究所 2014—2020 年发布《中国海外投资国家风险评级报告》）。后者从中国企业和主权财富的海外投资视角出发，构建经济基础、偿债能力、社会弹性、政治风险和对华关系五大指标，共 42 个子指标，涵盖 114 个国家和地区，量化评估中国企业海外投资面临的主要风险，2020 年的报告新增汇率波动性指标，增加 57 个样本国家。

《2020 年中国海外投资"一带一路"沿线国家风险评级》（子报告）中对 51 个"一带一路"沿线国家进行了风险评级，包括发达国家 7 个，发展中国家 44 个。从区域分布来看，涉及非洲国家 1 个、欧洲国家 17 个、亚太国家 33 个，具体评级情况见表 5 - 1。

表5-1 2017—2019年51个"一带一路"沿线国家风险评级

排名	国家	是否为发达国家	地区	2020年评级结果	排名变化
1	新加坡	1	东南亚	AA	—
2	阿联酋	0	西亚	A	▲
3	卡塔尔	0	西亚	A	▲
4	爱沙尼亚	0	中东欧	A	▲
5	以色列	1	西亚	A	▼
6	捷克	1	中东欧	A	▼
7	波兰	0	中东欧	A	—
8	斯洛文尼亚	1	中东欧	A	▲
9	匈牙利	1	中东欧	A	▼
10	立陶宛	0	中东欧	A	▼
11	柬埔寨	0	东南亚	A	▲
12	马来西亚	0	东南亚	BBB	▲
13	保加利亚	0	中东欧	BBB	▲
14	俄罗斯	0	独联体	BBB	▼
15	印度尼西亚	0	东南亚	BBB	▼
16	哈萨克斯坦	0	中亚	BBB	▲
17	罗马尼亚	0	中东欧	BBB	▼
18	塞浦路斯	1	中东欧	BBB	▲
19	亚美尼亚	0	独联体	BBB	▲
20	老挝	0	东南亚	BBB	▼
21	阿塞拜疆	0	独联体	BBB	▲
22	克罗地亚	0	中东欧	BBB	▼
23	沙特阿拉伯	0	西亚	BBB	▼
24	阿曼	0	西亚	BBB	▼
25	菲律宾	0	东南亚	BBB	▼
26	拉脱维亚	0	中东欧	BBB	▼
27	希腊	1	中东欧	BBB	▲
28	科威特	0	西亚	BBB	▼
29	土库曼斯坦	0	中亚	BBB	▲

续表

排名	国家	是否为发达国家	地区	2020 年评级结果	排名变化
30	巴林	0	西亚	BBB	▼
31	阿尔巴尼亚	0	中东欧	BBB	▼
32	缅甸	0	东南亚	BBB	—
33	蒙古国	0	东亚	BBB	▼
34	越南	0	东南亚	BBB	▼
35	泰国	0	东南亚	BBB	▼
36	吉尔吉斯斯坦	0	中亚	BBB	▼
37	孟加拉国	0	南亚	BBB	▲
38	斯里兰卡	0	南亚	BBB	▲
39	约旦	0	西亚	BBB	▼
40	黎巴嫩	0	西亚	BBB	▼
41	印度	0	南亚	BBB	▼
42	巴基斯坦	0	南亚	BB	▲
43	乌兹别克斯坦	0	中亚	BB	▼
44	白俄罗斯	0	独联体	BB	▼
45	埃及	0	非洲	BB	▼
46	乌克兰	0	独联体	BB	▲
47	塔吉克斯坦	0	中亚	BB	▲
48	土耳其	0	西亚	BB	▼
49	伊朗	0	西亚	BB	—
50	摩尔多瓦	0	独联体	BB	▼
51	伊拉克	0	西亚	B	—

资料来源：经中国社会科学院世界经济与政治研究所发布的 2020 年中国海外投资"一带一路"沿线国家风险评级》整理。

表 5 - 1 显示，"一带一路"（样本国）中等风险国家较多，高风险和低风险国家占比为少数，且相当。

本书实证分析了上述 51 个"一带一路"沿线国家的国家风险（详见本书第 7 章），制作了评级表（见表 7 - 17），采用的指标及数据来源见表 7 – 13。

通过两张评级表的比较，除了时间变量，其他指标可能也存在差异，因而结果尤其体现在高风险国家的区别，显然它与某些国家突发政治事件的影响相关联。所以，动态观察国家风险和了解某类评级报告所采用的对应指标，综合评估国别风险是必需的。

第6章
"一带一路"投资、
贸易现状及存在的问题

  "一带一路"倡议提出6年多来,中国与参与国家坚持共商、共建、共享原则,持续深化务实合作,推动共建"一带一路"沿着高质量发展方向不断前进,取得显著成效。同时,由于它是一项宏大的国际工程且周期跨度长,面对非常时期日益复杂的国际形势,"一带一路"投资和贸易也遭遇各种问题,当下我们总结成绩,分析研究问题,对识别管控风险、迎接新的挑战十分必要。

6.1 我国对"一带一路"投资、贸易的现状

6.1.1 中国倡议,持续政策推动

  2015年3月,中国向全球发布《推动共建丝绸之路经济带和21世纪海上丝绸之路的愿景与行动》(以下简称《愿景与行动》),作为一个负责任的大国,积极担当作为,持续政策推动。其重要文件和最近的习近平主席致辞,列示如下:

  2020 – 05 – 18 《团结合作战胜疫情 共同构建人类卫生健康共同

体》——习近平在第七十三届世界卫生大会视频会议开幕式上致辞

2019 – 11 – 06 中共中央关于坚持和完善中国特色社会主义制度推进国家治理体系和治理能力现代化若干重大问题的决定

2019 – 08 – 15 《西部陆海新通道总体规划》

2019 – 04 – 27 第二届"一带一路"国际合作高峰论坛圆桌峰会联合公报

2019 – 04 – 22 《共建"一带一路"倡议:进展、贡献与展望》

2018 – 12 – 06 《关于支持澳门全面参与和助力"一带一路"建设的安排》

2018 – 03 – 29 《关于支持香港全面参与和助力"一带一路"建设的安排》

2018 – 01 – 11 《标准联通共建"一带一路"行动计划(2018—2020 年)》

2017 – 08 – 18 《"一带一路"卫生合作暨"健康丝绸之路"北京公报》

2017 – 06 – 20 《"一带一路"建设海上合作设想》

2017 – 05 – 24 《中国对外投资合作发展报告(2016)》

2017 – 05 – 16 《推动丝绸之路经济带和 21 世纪海上丝绸之路能源合作愿景与行动》

2017 – 05 – 16 《"一带一路"融资指导原则》

2017 – 05 – 14 《"一带一路"生态环境保护合作规划》

2017 – 05 – 13 《共同推进"一带一路"建设农业合作的愿景与行动》

2017 – 05 – 11 《共建"一带一路":理念 实践与中国的贡献》

2017 – 05 – 08 《关于推进绿色"一带一路"建设的指导意见》

2017 - 03 - 01 《文化部"一带一路"文化发展行动计划（2016—2020 年）》

2017 - 01 - 18 中医药"一带一路"发展规划（2016—2020 年）

2016 - 10 - 24 《中欧班列建设发展规划（2016—2020 年）》

2016 - 10 - 24 中华人民共和国政府和哈萨克斯坦共和国政府关于"丝绸之路经济带"建设与"光明之路"新经济政策对接合作规划

2016 - 10 - 13 亚洲基础设施投资银行协定

2016 - 09 - 14 《建设中蒙俄经济走廊规划纲要》

2016 - 07 - 13 《推进共建"一带一路"教育行动》

2015 - 10 - 22 《标准联通"一带一路"行动计划（2015—2017 年）》（推进"一带一路"建设工作领导小组办公室发布）

2015 - 03 - 29 《推动共建丝绸之路经济带和 21 世纪海上丝绸之路的愿景与行动》

6.1.2 投资快速增长，模式创新

"一带一路"建设提出以来，取得了一系列举世瞩目的成就。据国家商务部最近报告的数据：2020 年 1 月—5 月，我国对"一带一路"沿线国家非金融类直接投资 65.3 亿美元，同比增长 16%，较上年提升 2.9 个百分点；在"一带一路"沿线国家新签对外承包工程合同额 469.8 亿美元，同比增长 0.1%，占同期我国对外承包工程新签合同额的 54.8%。

从近七年对"一带一路"国家投资看，直接投资超过 1100 亿美元。2017 年亚洲基础设施投资银行为"一带一路"建设参与国的 9 个项目提供 17 亿美元贷款，"丝路基金"投资达 40 亿美元，中国同中东欧 16 个国家正式成立金融控股公司，这些新型金融机制形成了初具规

模的"一带一路"金融合作网络。图 6-1 显示 2013—2019 年我国对
"一带一路"沿线国家非金融类投资额及占对外投资总额的比重，平均
年投入约 145 亿美元，"一带一路"投资占同期对外直接投资年均为
11.7%，增长基本呈平稳态势。对外直接投资地域分布主要投向新加
坡、越南、老挝、印度尼西亚、巴基斯坦、泰国、马来西亚、阿联酋、
柬埔寨和哈萨克斯坦等国家。

	2013	2014	2015	2016	2017	2018	2019
▇ 对"一带一路"沿线国家非金融类直接投资额	126.3	136.6	148.2	145.3	143.6	156.4	150.4
■ 占同期对外直接投资额比重	11.7	11.09	12.6	8.5	12	13	13.1

图 6-1　2013—2019 年我国对"一带一路"沿线国家非金融类投资概况

（资料来源：根据国家统计局的资料整理）

据 2019 年国家商务部报告，我国已与 37 个国家建立双边投资合作
工作组，与 5 个国家建立贸易畅通工作组，与 19 个国家建立电子商务
工作机制，与 14 个国家签署了第三方市场的合作协议；推进建设了一
批境外经贸合作区，至 2019 年底我国与"一带一路"沿线国家在建或
已建成的境外经贸合作区 138 家。据商务部国际贸易经济合作研究院和
联合国开发计划署驻华代表处联合发布的《中国"一带一路"境外经
贸合作区助力可持续发展报告》显示，截至 2018 年 9 月，中国企业对
境外经贸合作区累计投资 366.3 亿美元，入区企业 4663 家，总产值达

1117.1亿美元，上缴东道国税费30.8亿美元，为当地创造就业岗位达30多万个。重大项目和产业园区相继落地见效：如雅万高铁、中马友谊大桥、中老铁路、亚吉铁路、匈塞铁路等；瓜达尔港、比雷埃夫斯港等港口；还有一大批互联互通项目，如以中巴、中蒙俄、新亚欧大陆桥等经济走廊为引领，以陆海空通道和信息高速路为骨架，以铁路、港口、管网等重大工程为依托的复合型的基础设施网络建设。

从中国2016—2019年对外承包工程看，整体保持较大的规模（见图6-2）。2019年我国企业在"一带一路"沿线的62个国家新签合同额占同期我国对外承包工程新签合同额的59.5%，同比增长23.1%；完成营业额979.8亿美元，占同期总额的56.7%，同比增长9.7%。中国与沿线国家的投资合作，不仅大幅提升了中国投资的自由化和便利化程度，更成为拉动全球对外直接投资增长的重要引擎。尤其中国高铁建造成本低、具有技术优势和丰富的运营以及管理经验，已经创造行驶速度、运营里程、客运量等多项世界第一，并已经投资土耳其、俄罗斯、泰国、印度尼西亚、老挝和美国等国家。

中国在"一带一路"沿线国家（地区）设立境外企业超过1万家。我国民营企业利用并购等方式参与"一带一路"建设较为成功，据有关部门的不完全统计，截至2017年末，中国民营企业在"一带一路"沿线并购项目存量共计700家左右；从规模看，2017年，中国民营企业赴沿线国家和地区收购单个项目平均规模在96万美元左右。而从民营企业并购领域看，其分布逐步扩展，如机械制造业、非金属矿物制品业、橡胶行业、食品行业等，此类行业并购约占民营企业赴沿线国家和地区并购总数的60%左右。近几年，清洁能源（如太阳能光伏）、零售连锁、生物制药等行业的民营企业也不断加入海外并购行列，新型服务业中的跨行业经营也在逐步展开，尤其以华为、阿里巴巴为代表的凭借科技创新，在多个国家和地区注册专利、延伸产业链，实现融合发展。

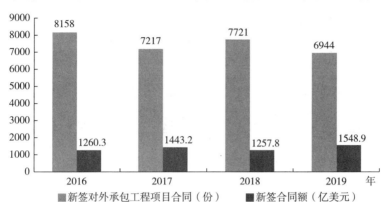

图 6 – 2 2016—2019 年我国对"一带一路"沿线国家承包工程项目情况

（资料来源：根据国家统计局的资料整理）

　　鉴于 2020 年疫情影响经济全面下滑的态势，我国政府在 6 月已宣布向 77 个包含"一带一路"沿线国家在内的疫情严重的发展中国家和地区暂停债务偿还①，与"一带一路"国家守望相助，充分体现人道主义精神和我们的大国担当。

　　此外，中国一直以来支援投入"一带一路"国家的健康事业。以"健康快车"项目为例，该项目于 1997 年启动，"一带一路"建设以来，加大了医疗援助和投入。近几年，我国先后派出多支眼科医疗队赴柬埔寨、缅甸、老挝、斯里兰卡、马尔代夫等国开展"光明行"活动，累计为 5200 余名白内障患者实施免费复明手术。我国的医疗团队、设备和技术走出国门，与沿线国家当地医院进行合作，向当地百姓提供慈善医疗。2017 年，中国和平方舟医院船沿着"21 世纪海上丝绸之路"

---

　　① 国务院新闻办公室于 2020 年 6 月 7 日发表《抗击新冠肺炎疫情的中国行动》白皮书，并于当日举行的新闻发布会上宣布。

航行近 3 万海里，历时 155 天，为沿途国家民众提供医疗服务；2019 年，"健康快车国际光明行"活动在乌兹别克斯坦首都的塔什干共和国眼科医院举行第二阶段启动仪式。同年 11 月，国务院总理李克强在第 22 次中国—东盟领导人会议上指出，中方将实施"中国—东盟健康丝绸之路人才培养项目（2020—2022 年）"，在未来三年为东盟培养 1000 名卫生行政人员和专业技术人员，提高地区公共卫生服务水平。

6.1.3　扩大开放，贸易增长

"一带一路"倡议以来，加大推动与沿线国家的市场开放力度，提高贸易便利化水平。前期发挥中国—东盟博览会、中国—南亚博览会、中国—亚欧博览会、中国—阿拉伯博览会等展会的平台作用，促进企业互动交流，共享"一带一路"商机，特别是 2015 年我国正式向全世界宣布《21 世纪海上丝绸之路的愿景与行动》（详见"6.1.1"）之后，中国与俄罗斯签署了"丝绸之路经济带"与欧亚经济联盟对接的联合声明，与欧盟就"一带一路"与欧洲投资计划对接达成重要共识，与哈萨克斯坦、蒙古国、印度尼西亚等国都进行了发展战略和规划对接等，并建成中俄东线天然气管道、中哈连云港物流合作基地等一批示范项目。近几年，中国与沿线国家开启新的经贸合作模式，合作机制也在不断完善。据 2019 年 9 月商务部公开资料显示，我国已与沿线国家共建了 70 多个经贸合作区，与 13 个沿线国家签署了 5 个自贸协定。此外，还推进《区域全面经济伙伴关系协定》（RCEP）谈判取得积极进展和与更多国家的自贸区谈判；与欧亚经济联盟签署经贸合作协定；高标准自贸区网络的形成，与新加坡签署自贸协定升级议定书，等等。特别是 2018 年开始，我国在上海已连续举办两届"中国国际进口博览会"，"一带一路"沿线国家和地区参与占比近参会总数的三分之一且每届参展企业都在 1000 多家。2020 年 11 月将再度举行,这种积极主动地开放示范,不仅为"一带一路"沿线国家在内的国际贸易带来极大便利,也为推进"一带一路"建设搭建开放平台。

共建"一带一路"倡议实施以来,我国和"一带一路"周边国家的双边贸易额呈现出不断增长的态势。据商务部统计,2013 年至 2019 年,中国与沿线国家货物贸易累计总额超过 7.8 万亿美元。2019 年对"一带一路"沿线国家进出口总额为 92690 亿元,同比增长 10.8%,其中,货物出口 52585 亿元,增长 13.2%;进口 40105 亿元,增长 7.9%,贸易总量一直保持增长(见图 6 - 3)。即便是在 2020 年新冠肺炎全球爆发、世界经济贸易普遍遭到重挫、投资贸易全线收缩的背景下,我国经济贸易虽受影响,但仍表现出良好的韧性,对外贸易较快恢复,与"一带一路"沿线国家的贸易额在 2020 年第一季度逆势上扬,达 3.2% 的增长,高出总体 9.6 个百分点。东盟现在已经成为我国第一大贸易伙伴。

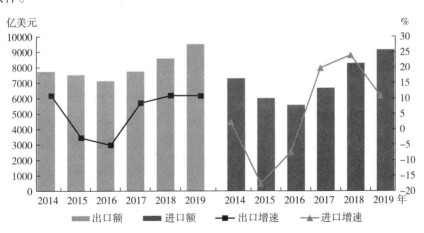

图 6 - 3 2014—2019 年我国对"一带一路"参与国进出口贸易额及增速

(资料来源:《"一带一路"贸易合作大数据报告 2018》、商务部公开资料)

　　中国对"一带一路"沿线国家的进出口贸易近6年均保持稳步增长（见图6-4），贸易合作水平也逐渐提高，创造了诸多合作纪录，其内部贸易联系亦愈发紧密。"一带一路"内部贸易在全球总贸易中的占比提升明显，2017年达13.4%，超越北美自贸区成为仅次于欧盟的全球第二大贸易板块。从贸易方式看，原材料、燃料等中间品贸易成为"一带一路"区域贸易的主要形式，2017年"一带一路"中间品贸易占区域内贸易的61.0%。"一带一路"全球贸易参与程度也稳步提升，2017年贸易参与度达55.2%。近两年深化与参与国家发展战略、产业、项目和政策对接，推进中欧班列和陆海新通道建设，推进了境外经贸合作区的高质量发展。从一定意义上说，"一带一路"为抑制当今世界某种贸易保护主义和经济民族主义逆流作出了积极的贡献。它促进了区域经济发展，为全球治理提出中国方案。

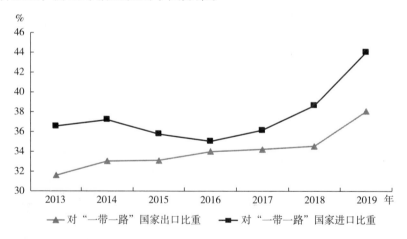

图6-4　2013—2019年中国对"一带一路"参与国进出口比重

（资料来源：《"一带一路"贸易合作大数据报告2018》、商务部公开资料）

　　在企业结构方面，民营企业参与"一带一路"建设快速增多，贸易额占比明显提升。据《中国民营企业"一带一路"可持续发展报告

（2019）》显示，到 2017 年，在中国民营企业 500 强中，有 274 家参与了"一带一路"建设，实现海外收入（不含出口）7900 多亿美元；国家信息中心数据也显示，2017 年民营企业与"一带一路"沿线国家的进出口总额达 6000 多亿美元，占与"一带一路"沿线国家贸易总额的 43%。且在贸易方式结构方面，一般贸易增速继续快于加工贸易，二者结构得到进一步优化。

在物流方面，截至 2019 年底，中国海关已经与 18 个"一带一路"沿线国家（地区）签订了 AEO（经认证经营者）互认安排，拓展了国际贸易"单一窗口"功能和应用场景，与哈萨克斯坦、越南、蒙古国等"一带一路"参与国相继开通了 7 条边境口岸农副产品快速通关"绿色通道"。2020 年新冠肺炎对国际贸易造成重创，我国在疫情防控形势稳定后，迅速组织运输力量，快装快运各类防疫物资，为防疫国际合作作出贡献。自 3 月 21 日首趟搭载国际合作防疫物资的中欧班列从义乌开行以来，上半年中欧班列共运送国际合作防疫物资 367 万件，合计 2.7 万吨；中欧班列开行数量大幅增长，累计开行 5122 列，同比增长 36%；6 月开行 1169 列，再创历史新高。

疫情之下，中外健康合作平台不断完善。近年来，通过各方努力，已经初步形成了以多双边合作为基础，服务六大经济走廊和沿线支点国家的卫生合作战略布局。中国与中东欧、东盟、阿盟等国家和地区的卫生部、医学院等部门展开了医疗人才培养、公共卫生服务、传统医药等方面的合作；与"一带一路"沿线接壤的国家联合开展病媒生物监测，共同推动健康"丝绸之路"建设。同时，我国与"一带一路"沿线国家和地区跨境电子商务也实现了快速发展，跨境电商物流协作也有所创新和深化。

6.2 投资、贸易存在的主要问题

"一带一路"沿线国家多数具有重要的地理位置和战略资源。一直以来东南亚、南亚、中亚、西亚乃至中东欧都是大国角力的焦点区域,如俄罗斯力推"欧亚联盟"、欧盟积极推动"东部伙伴计划"、美国提出建设"新丝绸之路"和"印太走廊"设想等,区域内热点问题不断,大国在伊朗、叙利亚、乌克兰等问题上进行博弈,地缘政治关系紧张,区域和国家风险显著。值得注意的是,"一带一路"沿线一些国家处于东西方多个文明交汇的地区,较易产生文明冲突。由于历史和现实的原因,宗教信仰,如东正教与伊斯兰教、伊斯兰教与佛教的矛盾与冲突,不同民族与种族的矛盾与冲突,呈现易突发、多样性、复杂化、长期化的特点,某一特定事件的爆发可能对周边国家乃至多个国家产生较强的国家风险外溢效应。再则,"一带一路"沿线国家多处于现代化建设阶段,国与国之间发展水平不一,面临突出的政治转制、经济转轨、社会转型的艰巨任务。若国内政治经济的稳定性和成熟度较差,则容易引发国家风险。基于以上环境风险特征,对"一带一路"投资、贸易带来极大挑战。目前我国"一带一路"投资、贸易呈现的主要问题在如下四个方面。

6.2.1 短时期内投资过急

从 2015 年我国正式提出倡议以后,对"一带一路"建设的投资规模陡增。2015 年前的单个项目一般只有 1 亿~10 亿美元,之后大规模的投资项目增多,2016 年投资金额高达 100 亿美元以上的就有 14 个案例,2017 年有 4 宗涉及"一带一路"的交易跻身我国对外投资十大交易,交易总额高达 472 亿美元,其中有的创下了中国企业对标的国家企业投资新高。图 6 - 2 显示了近几年"一带一路"建设的多项目和高投入。

在建造合同方面,2016 年我国对外建造合同总额 764.6 亿美元,其中"一带一路"沿线国家建造合同总额 474.9 亿美元,占比 62.11%;2017 年,中国企业在沿线 61 个国家新签了对外承包工程项目,新签合同 7217 份,合同额 1443.2 亿美元,占同期中国对外承包工程新签合同额的 54.4%,同比增长 14.5%。

在海外并购方面,2017 年中国境内企业对"一带一路"沿线国家实施并购 62 起,投资额 88 亿美元,同比增长 32.5%。中石油集团和中国华信投资 28 亿美元联合收购阿联酋阿布扎比石油公司 12% 股权为其中最大项目。此外,"一带一路"收购普洛斯、东方海外国际等公司均涉及债权融资。

近两年虽有所收缩,但短期过于急躁的投资行为,频遭违约损失或一些后遗问题导致的财务困境。

6.2.2 投资行业地区和国家分布比较集中

我国对"一带一路"沿线国家投资的行业和国家分布均相对集中。2005—2016 年我国对"一带一路"沿线国家的直接投资额为 2047 亿美元,其中东亚地区为 732.2 亿美元,占比 35.77%;西亚地区为 891.2 亿美元,占比 43.54%,在四大区域(中东北非、东亚、中东欧、西亚)中比重较大。进一步讲,投资金额最高的五国分别为俄罗斯、哈萨克斯坦、马来西亚、新加坡和印度尼西亚,投资行业分布以能源、金属、交通、房地产和科技为主。在 2014 年中国对外直接投资流量前二十位的东道国中,有七个国家为沿线国家,分别为新加坡、印度尼西亚、老挝、巴基斯坦、泰国、阿联酋和俄罗斯。同年,在对外直接投资存量前二十位中，有六个沿线国家，分别为新加坡、俄罗斯、哈萨克斯坦、印度尼西亚、老挝和缅甸，这六个国家占中国在沿线国家和地区投资存量的 56.3%；我国对东盟的投资占对沿线投资存量的 51.5%。2015—2017 年，中国较多地投资于马来西亚、巴基斯坦和俄罗斯，分别投资 347.6 美元、272 亿美元、240 亿美元。

在 2015 年之前，运输业、制造业以及采矿业是我国企业投资的热门行业。能源、交通和公共事业这些项目 2017 年总共投资资金为 15 亿~20 亿美元。比较之下，如社会基础建设和建筑业的投资大约有 5 亿美元，相差较远。中国企业境外投资较多集中在能源矿业等，如石油、天然气、矿石之类，一般这些资源物资比较丰富的国家，由于内外争夺诸多因素导致长期社会动荡不安，如伊朗、叙利亚、缅甸、菲律宾、印度尼西亚等。2014 年中石油在伊朗投资 25 亿美元，遭受巨额亏损，便是典型案例。有国外机构统计，中国企业海外矿业投资的失败率较高，为 42%，而全球的平均水平是 32%。

近三年以来，信息技术、金融以及新基建等投资虽有增加，如投资印度和巴基斯坦的信息技术、软件开发、基础设施等项目，但印度却因地缘政治、边境问题等给我国企业带来不便。

6.2.3　收益不确定或回报率较低

"一带一路"对外主要投资基础设施建设，金额巨大，周期长，主要面对新兴市场和欠发达国家地区环境。2018 年我国"一带一路"直接投资为 156.4 亿美元，达历史最高值，但如铁路建设类的大项目投资总是一波三折。如中缅铁路，2011 年 4 月中国铁路工程总公司与缅甸铁道运输部签署了该项目的谅解备忘录，规定工程建设须在签署之日起的三年内启动，但直到 2014 年因各种干扰因素，项目搁浅。2019 年此项目交给中国中铁实施，但经历 10 多年，企业遭遇的前期违约、市场开拓等成本费用，后期建设投资等问题均需要用铁路建成后 50 年运营权的盈利来偿还，存在太大的不确定性。还有中老铁路、中泰铁路、雅万铁路均存在类似问题。在新冠肺炎疫情之下，中国政府又延期了部分债务，单从未来年均回报测算看，收益率太低，不能平衡投资收益，企业负债将持续增高。

6.2.4 贸易摩擦较多

随着"一带一路"建设全面推进，我国企业开始更加深入地参与国际贸易竞争合作，对外贸易对我国经济社会发展的影响日益增强。而在此过程中，外贸企业遭遇越来越频繁的贸易摩擦。据机械工业部的调查统计，2017 年上半年，"一带一路"沿线国家对我国发起贸易救济的案件有 19 起，占同期国外对华贸易救济案件总数的 50%。其中，印度最多有 12 起，印度也是上半年对华发起贸易救济调查最多的国家，印度发起贸易救济调查的趋势已从对服装、玻璃和矿产等低端产品转向针对新材料和机械等高端产品。此外，还包括土耳其（3 起），马来西亚、越南、巴基斯坦和海湾合作委员会（各 1 起）。

近两年，美国挑起的"贸易战"，破坏国际贸易规则，扰乱了正常的贸易次序，"一带一路"参与国与我国的贸易活动也受到一些影响。尤其是 2020 年新冠肺炎爆发，世界范围内几乎所有国家和地区都遭受重创，贸易额大幅下降，世界贸易组织预计世界商品贸易将暴跌 13% 至 32%，"一带一路"参与国的进出口贸易也受到较大的打击。当前，除了正常贸易还未完全恢复以外，部分境外项目在人员流动、物资保障等方面也遇到一些困难，疫情防控压力仍然较大。疫情下的沿线国家贸易、物流等过程均比较烦琐，在地区与国家间，"抗疫"也存在民俗、文化、政策等众多影响要素，甚至影响贸易畅通。跨境电商物流效率降低，物流协作进展缓慢、物流不顺等均导致贸易成本增加。

6.3 技术原因分析

6.3.1 缺少风险意识和风险管控手段，急于求成

一些企业投资以利益为驱动而缺乏风险意识，特别是前三年投资具有盲从性。企业在投资前未能做好信息收集、调查研究和风险评估，对于投资东道国的政治稳定性、法律文化的差异、项目本身风险或者并购对象的具体情况等未做深入了解。同时，海外投资和并购的相关信息，发布渠道分散，我国企业缺乏获取信息的可靠、统一渠道，多数国内企业对于"走出去"怎么投资、找谁协助、自己该做什么和不该做什么，没有一个总体的信息渠道可以了解，还有一些中小企业对于国家或者地方政府给予的政策资金支持等也缺乏了解。当然，主要除了企业风险管控意识不强，风控手段和工具运用缺少也是其重要原因，例如，保险工具的运用，一旦在海外的投资项目遭遇政治风险或者其他侵害，则无法获得保险补偿损失。

6.3.2 投资争议解决机制缺乏，企业获得的法律支持不足

我国之前签订的双边投资保护协定一般规定投资者可以就其可能面临的任何问题或遭受的任何损失诉诸投资东道国的司法机关，但由于东道国的国家保护等原因，这一途径未必总能确保投资者得到充分保护。而国际争议解决机制以往一般以递交"解决投资争议国际中心"（ICSID）进行国际仲裁为主。但近年来，ICSID 由于其西方发达国家理念为主导的裁决以及仲裁裁决的撤销程序等原因而备受争议。而现时完

整、高效、透明的国际投资争端解决机制尚未建立。同时，由于美国的强烈阻挠，近年来世界贸易组织争端解决机制上诉机构新法官遴选任命工作无法开展，致使上诉机构于 2019 年 12 月 10 日起被迫停摆，作为世界贸易组织三大支柱之一的争端解决机制因此陷入瘫痪。这些均使企业的投资贸易活动必须对发生争议后的处理机制具有一定的预见性，显然，这方面需要政府提供信息服务和引导相关法务专业服务，以更好地为对外投资贸易企业解除后顾之忧。

企业在"一带一路"商贸活动过程中获得的法律支持不足，是目前企业走出去屡遭不顺的另一原因。国际规则和中国规则在"一带一路"投融资中都有自己的短板。从国际规则来看，沿线国家中有 8 个国家最不发达，有 16 个非世界贸易组织成员，有 24 个国家人类发展指数低于世界平均水平，还有一些规则附加有政治条件，受到沿线国家的反对。而我国对外投资起步较晚、法律法规基础薄弱，有的规则对国际投资仍有局限。值得注意的是，即便是世界贸易组织成员，其争端解决机制也是一把"双刃剑"，既可用来保护自己，也不排除成为被告和败诉的可能。因此，诸如此类业务均需要同时具备专业和语言能力且有一定的海外经验和实务工作能力的专业律师，而目前此类专业律师较少，企业较难找到合适的律师帮助它们在投资、贸易活动中实现既定目标。值得注意的是，有些企业似乎更注重投资东道国的法律支持，而不了解海外投资是一个系统的技术工程，国内的合规、跨境投资结构的设计以及法律条款的安排、中间国和目的国的本地法律支持都十分重要。

6.3.3 竞争日趋激烈形势下的企业低价策略

中国对外投资贸易长期面临国际贸易保护主义的影响，"一带一路"建设这些年，国际政治经济形势越来越错综复杂，政治环境不稳定、恐怖主义威胁和国际经济下行。尤其是 2018 年下半年以来，世界经济扩张势头回落，国际贸易和投资增长放缓，贸易保护主义抬头，信用危机频频发生，美国挑起"贸易战"，地缘政治矛盾升级，国际大宗商品价格暴跌，严重影响到正常的经贸活动，加剧了国内外企业间的竞争，企业则常以低价策略应对，这是造成企业投资贸易回报率低的重要原因之一。

国内企业间对外投资项目的低价竞争时有发生，如在"一带一路"倡议提出之初的两年，高铁作为对外基础设施投资的组成部分，南车、北车极力拓展业务，但两家企业一直处于竞争状态，便在海外市场竞相压价，为此管理层促使两家企业合并以消除竞争，但从国内市场角度，似乎也有不利的一面。

低价竞争不仅影响投资收益，低价出口，而且极易引起贸易摩擦，如反倾销调查等。一般来说，国外对中国发起的反倾销调查主要是欧盟、美国、加拿大、澳大利亚等经济发达国家，但从 1995 年至 2016 年上半年，发展中国家共对我国发起反倾销调查 244 起，占国外对我国反倾销调查总数的 63.2%，这里面包括不少"一带一路"参与国。值得注意的是，多年来对外削价竞销造成国内企业低效益甚至负效益，有的企业甚至发生恶性竞争行为，相互拆台，还有的企业盲目入市，一哄而上，地方政府、企业重复投资低端贸易、进行低价竞争，这些都造成严重的"内伤"。

如今，有些国家的新冠肺炎疫情仍未能控制，美国单边主义及其"退群、毁约"有增无减，全球治理赤字增大，加之极端天气和自然灾害多发，非传统安全挑战有增无减，包括"一带一路"建设在内的国际经贸活动遭遇前所未有的挑战，我们只有总结过去的经验和教训，不忘初心，砥砺前行，持续以"中国之治"纾解"世界之困"。

第7章
"一带一路"国家风险实证分析

伴随着"一带一路"建设推进，中国正加大力度投入，努力让这条古老的"丝绸之路"重新成为连接欧亚大陆国家贸易投资和人文交流的纽带。在这项宏伟建设中，中国企业发挥着重要作用，企业在对外投资贸易中面临多种风险，国家风险首当其冲，因此东道国国家风险是必须高度注重的问题。

西方发达国家的机构与公司在国际评级市场占据主导地位，评级结果也代表着西方价值观点与理念，因此，不能成为中国企业进行海外直接投资的标准指南，但从技术层面上具有一定参考价值。我们将国际上一些中立组织与机构（如世界银行与国际货币基金组织等）的研究成果纳入考察范围，结合西方一些机构的研究成果，分析探寻适合中国企业的海外投资的国别风险指南。为此，我们分两步建模：第一，利用降维法，通过正交因子分析与聚类分析对2015年中国对外直接投资的95个样本国家的20个国家风险指标进行分析（详见本部分7.1）；第二，依据51个"一带一路"沿线国家（考虑数据可得性）2017—2019年国家风险相关风险指标展开的针对性分析（详见本部分7.2）。

7.1 中国对外直接投资国家风险分析

7.1.1 指标的选取与说明

如本书 3.1.1 中所述，关于国家风险的概念，迄今世界范围内并非达成共识，但大多认为它存在于国家政治、经济与社会文化等多个方面，众多学者与机构也从这些方面对国家风险进行了深入的探讨，为了达到定量分析的目的，笔者在结合前人定性研究的基础上，考虑了数据的可得性以及复杂性，共筛选出 20 个反映样本国家风险的指标。X_1 ~ X_7 反映了样本国家政治类国别风险，X_8 ~ X_{14} 反映了样本国家经济、金融与债务类国别风险，X_{15} ~ X_{20} 反映了样本国家社会发展、文化类国别风险。笔者对相关数据进行了反向处理，使所有指标数值越大表示该国对应类别风险越小。

表 7 – 1　　　　　　　　　　数据来源与说明

指标	数据来源	指标说明
X_1 政治局势稳定性	世界银行	衡量样本国家国内各潜在不良因素干预政治的情况
X_2 政府行政效率	世界银行	衡量样本国家政府的行政效率（包括行政审批等方面）
X_3 依法治国程度	世界银行	衡量样本国家法律的权威性、司法独立性等方面
X_4 腐败控制程度	世界银行	衡量样本国家权力寻租以及惩治贪腐的状况
X_5 暴力恐慌与恐怖主义影响	The Institute For Economic and Peace	衡量恐怖主义对样本国家的影响程度
X_6 言论自由与集会结社	世界银行	衡量样本国家民众言论自由、集会示威等方面的情况
X_7 是否对华有过反倾销调查	Global Antidumping Database	样本国家 2015 年对华曾发起反倾销调查的取 1，否则取 0

续表

指标	数据来源	指标说明
X_8 通胀水平	世界银行	衡量样本国家通胀水平对经济发展、民众生活等方面的影响
X_9 GDP 增长率	PRS Group	反映样本国家经济发展水平
X_{10} 汇率波动程度	PRS Group	反映样本国家外汇市场稳定性
X_{11} 外债规模	PRS Group	反映样本国家总负债水平
X_{12} 偿债能力	国际货币基金组织	反映样本国家能否及时偿还债务的能力
X_{13} 政府预算盈余占 GDP 比重	PRS Group	反映样本国家在宏观调控、合理预算的能力
X_{14} 经常账户余额占 GDP 比重	PRS Group	样本国家合理调控国际收支能力
X_{15} 社会经济发展自由度	美国传统基金会	反映样本国家社会发展、经济与投资自由度等
X_{16} 社会治安	世界银行	衡量样本国家每十万人被谋杀的人数,反映社会治安情况
X_{17} 社会基础设施状况	世界银行	衡量样本国家民众使用互联网的比重
X_{18} 种族与团体冲突程度	世界银行	反映样本国家国内各种族、团体和谐相处程度
X_{19} 国民教育程度	世界银行	衡量样本国家 15 岁以上女性接受教育的比例
X_{20} 社会公平	世界银行	衡量样本国家基尼系数大小

7.1.2 正交因子分析

在研究国家风险时,往往希望尽可能多地收集反映样本国家国内诸多领域的变量,以期能对该国全面风险评价有比较全面、完整的把握与认识。然而拥有诸多变量的大样本虽然能够为我们提供该国的大量信息,但其复杂性与多维性是值得商榷的。本书采用正交因子分析模型将各具有相关性的指标分解为数量较少的不相关因子,从而能够达到简化指标结构、消除原指标相关性、降低指标维数的目标,进而消除信息重叠、简化复杂问题(刘平,2004)。

一般认为，正交因子分析模型是从 Charles Spearman 在 1904 年发表的论文逐渐演变而来。本书采用的正交因子分析模型数学表达式如下：

对于可观测的随机向量 $X = (X_1, X_2 \cdots X_p)'$，设 $E(X) = \mu$，$D(X) = \sum$，且设 $F = (F_1, \cdots F_m)'(m < p)$ 是不可观测随机向量，且 $E(F) = 0$，$D(F) = I_m$（即 I_m 为 m 阶单位阵）。再设 $\varepsilon = (\varepsilon_1, \cdots, \varepsilon_p)'$ 与 F 互不相关，且 $E(\varepsilon) = 0$，$D(\varepsilon) = diag(\sigma_1^2, \cdots, \sigma_p^2)$，假定随机向量 X 满足以下模型：

$$
\begin{cases}
X_1 - \mu_1 = a_{11}F_1 + a_{12}F_2 + \cdots + a_{1m}F_m + \varepsilon_1 \\
X_2 - \mu_2 = a_{21}F_1 + a_{22}F_2 + \cdots + a_{2m}F_m + \varepsilon_2 \\
\qquad\qquad\qquad \cdots \\
X_p - \mu_p = a_{p1}F_1 + a_{p2}F_2 + \cdots + a_{pm}F_m + \varepsilon_p
\end{cases}
$$

则称该模型为正交因子模型。

正交因子分析把每个原始变量分解成两部分：一部分是由所有变量共同具有的少数几个因子所构成的，即所谓公共因素部分，即 $F_1, \cdots, F_m$ 为公共因子，它们是在各变量中共同出现的因子。另一部分是每个变量独自具有的因素，即所谓独特因子部分。即 $\varepsilon_1, \varepsilon_2, \cdots, \varepsilon_p$ 为独特因子，是原变量中不能被解释的部分。a_{ij} 为因子负荷（载荷），它是第 i 个变量在第 j 个主因子上的负荷或第 i 个变量在第 j 个主因子上的权值，它反映了第 i 个变量在第 j 个主因子上的相对重要性。

分析步骤如下。

第一步：相关性检验。

我们在前面提到正交因子分析是将反映样本国国家风险的诸多指标分解为数量较少的不相关因子，因此进行正交因子分析的前提条件就是各指标间具有较强的相关性，否则无法寻求其中的公共因子部分。进行相关性检验主要有三种方法。

（1）计算相关系数矩阵。我们将利用 SPSS 19.0 软件计算得到相关系数矩阵，观察矩阵中各相关性系数，一般认为，如果大部分系数低于 0.3，则表明不适合进行正交因子分析。

（2）巴特利球形检验（Barlett Test of Sphericity）。其原假设为相关系数矩阵是一个单位阵，如果计算得到的 χ^2 数值较大，且显著性水平较高时，则应拒绝原假设，表明适合进行因子分析。

（3）KMO 检验（Kaiser – Meyer – Olkin）。该检验比较偏相关系数与相关系数的大小判断各变量间相关性程度。其判别标准为：当 KMO < 0.5 时，表明不适合进行因子分析；当 0.5 < KMO < 0.6 时，表明因子分析效果较差；当 KMO > 0.7 时，表明能够进行因子分析，且该数值越大越好。

第二步：提取初始公共因子。

提取初始公共因子，即提取特征值（Eigenvalue），特征值是指每个变量在某一公共因子上的因子负荷的平方总和，即：$F_m = a_{1m}^2 + a_{2m}^2 + \cdots + a_{pm}^2$。SPSS 软件会从大到小依次提取出初始公共因子，一般选取特征值大于 1 的初始公共因子或者提取累积方差大于 70% 的前几个初始公共因子，此时可以达到利用最少的公共因子解释最多的变异量。进一步地，我们可以得到每个因子的贡献率，即每个公共因子所解释的方差占所有变量总方差的比例，$\lambda_j / \sum_{i=1}^{m} \lambda_i$，$\lambda$ 为特征值。

第三步：进行正交旋转（Rotation）得到新因子。

提取出的初始因子无法从实际意义上来解释，为了更好地解释因子，必须对负荷矩阵进行旋转，旋转目的在于改变每个变量在各因子的负荷量的大小。在本书中，我们采取正交旋转法。随即观察旋转后的因子负荷矩阵中某个新因子变量能够同时解释多少原变量的信息。

第四步：计算因子得分（Score）。

计算因子得分是因子分析的最后一步，有了因子得分，就可以利用因子变量对样本国家进行风险评价，进而实现降维和简化的目标。

7.1.3 实证结果分析

7.1.3.1 政治类风险

在表 7 - 2 中，我们发现在 49 个相关系数值中，有 37 个是大于 0.3 的，且大部分在 1% 的水平上显著，因此我们人为在政治类风险的 7 个指标中是适合进行因子分析的，并且在巴特利球形检验与 KMO 检验中也证明了这一点（KMO > 0.811, χ^2 = 803.744 且在 1% 水平上显著）。

表 7 - 2 相关系数矩阵

项目		X_1	X_2	X_3	X_4	X_5	X_6	X_7
相关系数	X_1	1.000	0.774	0.766	0.782	0.715	0.682	0.037
	X_2	0.774	1.000	0.961	0.943	0.315	0.758	0.296
	X_3	0.766	0.961	1.000	0.968	0.310	0.804	0.230
	X_4	0.782	0.943	0.968	1.000	0.351	0.771	0.223
	X_5	0.715	0.315	0.310	0.351	1.000	0.266	-0.220
	X_6	0.682	0.758	0.804	0.771	0.266	1.000	0.136
	X_7	0.037	0.296	0.230	0.223	-0.220	0.136	1.000
Sig.（单侧）	X_1	—	0.000	0.000	0.000	0.000	0.000	0.359
	X_2	0.000	—	0.000	0.000	0.001	0.000	0.002
	X_3	0.000	0.000	—	0.000	0.001	0.000	0.013
	X_4	0.000	0.000	0.000	—	0.000	0.000	0.015
	X_5	0.000	0.001	0.001	0.000	—	0.005	0.016
	X_6	0.000	0.000	0.000	0.000	0.005	—	0.094
	X_7	0.359	0.002	0.013	0.015	0.016	0.094	—

表 7 - 3　　　　　　　　　　　KMO 和 Bartlett 的检验

取样足够度的 Kaiser - Meyer - Olkin 度量		0.811
Bartlett 的球形度检验	近似卡方	803.744
	自由度	21
	显著性	0.000

在表 7 - 4 的左边三列中分别显示了提取的特征值，该特征值所解释的方差变异量以及累积变异量，我们发现前三个因子分别为 4.546、1.336 与 0.649 总共解释了方差变异量的 93.304%，因此，在政治类风险中，我们提取前三个作为初始因子，在表 7 - 4 的中间三列中显示了这三个初始因子，并且我们在右边三列中发现，即使是旋转过后的最终因子解所解释的方差变异量没有发生变化，只是重新分配了各个因子所解释的方差。

表 7 - 4　　　　　　　　　　　解释的总方差

成分	初始特征值			提取平方和载入			旋转平方和载入		
	合计	方差百分比	累积百分比	合计	方差百分比	累积百分比	合计	方差百分比	累积百分比
1	4.546	64.950	64.950	4.546	64.950	64.950	3.927	56.103	56.103
2	1.336	19.087	84.037	1.336	19.087	84.037	1.547	22.102	78.205
3	0.649	9.267	93.304	0.649	9.267	93.304	1.057	15.099	93.304
4	0.290	4.150	97.454						
5	0.103	1.468	98.922						
6	0.052	0.743	99.665						
7	0.023	0.335	100.000						

注：提取方法为主成分分析。

如图 7 - 1 所示，在横坐标为因子数目，纵坐标为特征值的碎石图中。第四个以后的因子特征值都较小，对解释原有变量的贡献很小，证明了我们选取前三个因子是合理的。

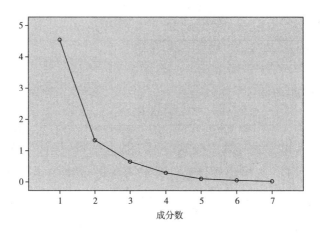

图 7-1 碎石图

进一步地，我们利用 SPSS 19.0 得到旋转过后的成分矩阵（见表7-5）后发现政治局势稳定性、政府行政效率、依法治国程度、腐败控制程度、言论自由与集会结社在第一个因子中具有较高的载荷，暴力恐慌与恐怖主义在第二个因子中具有较高的载荷，对中国是否发起过反倾销调查在第三个因子中具有较高的载荷。因此，我们可以利用这三个因子初步表征政治类风险，也初步实现了降维的目的。

表 7-5   旋转成分矩阵①

项目	成分		
	1	2	3
政治局势稳定性	0.689	0.674	0.018
政府行政效率	0.920	0.217	0.213
依法治国程度	0.956	0.184	0.129
腐败控制程度	0.930	0.235	0.134
暴力恐慌与恐怖主义	0.153	0.965	-0.138
言论自由与集会结社	0.885	0.104	-0.021
对中国是否有过反倾销调查	0.143	-0.116	0.978

注：①旋转在 5 次迭代后收敛。

②提取方法为主成分分析法；旋转法：具有 Kaiser 标准化的正交旋转法。

在此基础上，我们利用因子得分矩阵得到因子得分函数：

$$\begin{cases} F_1 = 0.033X_1 + 0.243X_2 + 0.291X_3 + 0.261X_4 - 0.252X_5 + 0.331X_6 - 0.156X_7 \\ F_2 = 0.413X_1 - 0.055X_2 - 0.126X_3 - 0.066X_4 + 0.842X_5 - 0.226X_6 + 0.144X_7 \\ F_3 = 0.052X_1 + 0.067X_2 - 0.048X_3 - 0.019X_4 + 0.110X_5 - 0.223X_6 + 1.026X_7 \end{cases}$$

表 7-6 　　　　　　　成分得分系数矩阵

项目	成分		
	1	2	3
政治局势稳定性	0.033	0.413	0.052
政府行政效率	0.243	-0.055	0.067
依法治国程度	0.291	-0.126	-0.048
腐败控制程度	0.261	-0.066	-0.019
暴力恐慌与恐怖主义	-0.252	0.842	0.110
言论自由与集会结社	0.331	-0.226	-0.223
对中国是否发起过反倾销调查	-0.156	0.144	1.026

注：提取方法为主成分分析法；旋转法：具有 Kaiser 标准化的正交旋转法。

表 7-7 显示了 3 个因子的协方差矩阵，3 个因子两两之间的相关系数为 0，说明经因子分析提取后的 3 个因子之间没有相关性，实现了因子分析的设计目标，同时也说明是经过了正交旋转法而得。

表 7-7 　　　　　　　成分得分协方差矩阵

成分	1	2	3
1	1.000	0.000	0.000
2	0.000	1.000	0.000
3	0.000	0.000	1.000

注：提取方法为主成分分析法，旋转法：具有 Kaiser 标准化的正交旋转法。

我们选取三个因子的方差贡献率作为权重，即利用 $F = 0.6495F_1 + 0.19087F_2 + 0.09267F_3$ 得到政治类国别风险的综合评价。

表 7 - 8 政治类国别风险综合评价

国家	综合得分	国家	综合得分
新西兰	1.25	约旦	-0.20
芬兰	1.20	蒙古国*	-0.21
瑞士	1.17	斯里兰卡*	-0.23
挪威	1.17	阿根廷	-0.28
丹麦	1.13	巴林*	-0.29
卢森堡	1.13	科威特*	-0.30
瑞典	1.13	赞比亚	-0.30
荷兰	1.12	印度尼西亚*	-0.31
加拿大	1.11	摩洛哥	-0.33
德国	1.02	菲律宾	-0.33
冰岛	0.99	土耳其*	-0.33
英国	0.98	墨西哥	-0.35
新加坡*	0.97	多米尼加	-0.35
澳大利亚	0.96	秘鲁	-0.35
奥地利	0.94	哥伦比亚	-0.36
日本	0.93	沙特阿拉伯*	-0.39
爱尔兰	0.91	古巴	-0.39
比利时	0.87	泰国*	-0.41
美国	0.82	亚美尼亚*	-0.41
法国	0.73	越南*	-0.44
爱沙尼亚*	0.68	哈萨克斯坦*	-0.48
葡萄牙	0.65	坦桑尼亚	-0.48
塞浦路斯*	0.55	厄瓜多尔	-0.51
斯洛文尼亚*	0.54	玻利维亚	-0.54
捷克*	0.53	科特迪瓦	-0.57
立陶宛*	0.53	肯尼亚	-0.58
波兰*	0.47	白俄罗斯*	-0.60
西班牙	0.45	莫桑比克	-0.60
拉脱维亚*	0.41	乌干达	-0.61

续表

国家	综合得分	国家	综合得分
以色列 *	0.37	俄罗斯 *	-0.67
斯洛伐克 *	0.35	马达加斯加	-0.68
博茨瓦纳	0.34	乌克兰 *	-0.69
韩国	0.34	伊朗 *	-0.70
意大利	0.22	利比里亚	-0.71
文莱 *	0.20	孟加拉国 *	-0.71
卡塔尔 *	0.20	阿塞拜疆 *	-0.73
匈牙利 *	0.19	黎巴嫩 *	-0.74
克罗地亚 *	0.16	埃塞俄比亚	-0.76
马来西亚 *	0.13	埃及 *	-0.81
南非	0.04	喀麦隆	-0.84
希腊 *	-0.01	巴基斯坦 *	-0.89
罗马尼亚 *	-0.03	安哥拉	-0.90
保加利亚 *	-0.09	津巴布韦	-0.96
塞尔维亚 *	-0.11	缅甸 *	-0.97
加纳	-0.11	委内瑞拉	-1.12
巴西	-0.17	刚果（金）	-1.28
印度 *	-0.20	苏丹	-1.30
阿尔巴尼亚	-0.20		

注：*代表"一带一路"沿线国家。

我们将政治类国别风险综合得分在 0.5 以上的国家定义为 A 类投资国，将综合得分在 0~0.5 的国家定义为 B 类投资国，将综合得分在 -0.5~0 的国家定义为 C 类投资国，将综合得分在 -0.5 以下的国家定义为 D 类投资国。由此，我们发现 A 类、B 类投资国仍然是传统的西方发达国家，如英、美、法、德等国，也包括中东欧、北欧一些国家，如波兰、克罗地亚、瑞典、芬兰等国，也包括亚洲的日本、新加坡、韩国与文莱等国。C 类、D 类国家大部分为新兴市场国家，包括撒哈拉以南诸多不发达国家、处在复杂政治经济格局的中东国家、亚洲大部分发展中国家与拉丁美洲的国家。

同时我们也发现"一带一路"沿线国家除中东欧的一些国家外，大部分属于 C 类、D 类投资国。因此从世界范围来看，"一带一路"沿线国家大部分属于较高的政治类风险国家。

7.1.3.2 经济和社会风险

为了简化分析，在因子分析中将省去部分在政治类风险中的一些表述，相关图表可以查阅本部分附录。

表 7-9 经济、金融与债务类风险综合评价

国家	综合得分	国家	综合得分
沙特阿拉伯*	0.88	越南*	-0.05
科威特*	0.83	土耳其*	-0.06
玻利维亚	0.80	埃塞俄比亚	-0.09
文莱*	0.80	蒙古国*	-0.09
挪威	0.76	阿尔巴尼亚	-0.10
卡塔尔*	0.73	新西兰	-0.11
新加坡*	0.66	保加利亚*	-0.12
秘鲁	0.64	亚美尼亚*	-0.12
安哥拉	0.62	坦桑尼亚	-0.12
泰国*	0.55	乌克兰*	-0.13
瑞士	0.55	斯里兰卡*	-0.14
菲律宾	0.54	澳大利亚	-0.14
俄罗斯*	0.53	荷兰	-0.16
巴林*	0.47	加纳	-0.18
马来西亚*	0.46	捷克*	-0.20
阿塞拜疆*	0.45	波兰*	-0.20
韩国	0.44	奥地利	-0.22
伊朗*	0.44	比利时	-0.22
印度尼西亚*	0.42	芬兰	-0.24

续表

国家	综合得分	国家	综合得分
巴西	0.40	马达加斯加	− 0.25
阿根廷	0.39	爱沙尼亚 *	− 0.26
以色列 *	0.37	克罗地亚 *	− 0.30
博茨瓦纳	0.35	罗马尼亚 *	− 0.32
哥伦比亚	0.34	英国	− 0.34
印度 *	0.31	法国	− 0.35
哈萨克斯坦 *	0.30	莫桑比克	− 0.35
日本	0.25	意大利	− 0.36
瑞典	0.24	拉脱维亚 *	− 0.38
赞比亚	0.24	斯洛伐克 *	− 0.39
墨西哥	0.21	美国	− 0.40
喀麦隆	0.20	斯洛文尼亚 *	− 0.41
丹麦	0.20	立陶宛 *	− 0.43
孟加拉国 *	0.20	刚果（金）	− 0.46
摩洛哥	0.19	缅甸	− 0.47
古巴	0.19	匈牙利 *	− 0.49
厄瓜多尔	0.18	塞尔维亚 *	− 0.50
德国	0.15	委内瑞拉	− 0.51
乌干达	0.12	利比里亚	− 0.52
卢森堡	0.11	葡萄牙	− 0.52
多米尼加	0.11	塞浦路斯 *	− 0.52
埃及 *	0.10	西班牙	− 0.57
加拿大	0.08	苏丹	− 0.69
约旦 *	0.06	爱尔兰	− 0.76
科特迪瓦	0.04	津巴布韦	− 0.78
巴基斯坦 *	− 0.01	冰岛	− 0.84
肯尼亚	− 0.04	白俄罗斯 *	− 0.96
黎巴嫩 *	− 0.04	希腊 *	− 0.96
南非	− 0.05		

注：*代表 "一带一路" 沿线国家。

　　始于希腊债务危机的欧债危机以及美国次贷危机虽然对于当下的全球经济影响逐渐消弭，但是两大经济体对于全球经济复苏与增长所扮演的角色逐渐被新兴市场与诸多发展中国家所替代。本书所讨论的经济、金融与债务类风险囊括了经济增速与主权信用等方面，从表7-9中可以看出，除德国、加拿大等国外，A类、B类投资国（综合得分＞0）几乎没有西方发达国家，反而是有众多新兴市场国家与大量发展中国家，包括18个"一带一路"沿线国家。与此同时形成鲜明对比的是，C类、D类投资国却囊括了曾陷入债务泥潭的众多西方发达国家与中东欧等国，也包括18个"一带一路"沿线国家。

　　因此，从该结果来看，中国企业在海外进行投资贸易时应该认识到新兴市场与诸多发展中国家从经济发展前景来看在一定程度上是优于传统西方发达国家的，这体现在众多的发展机遇上。

表7-10　　　　　　　社会发展、文化类风险国别综合评价

国家	综合得分	国家	综合得分
芬兰	0.85	爱沙尼亚*	0.10
冰岛	0.82	越南*	0.08
韩国	0.76	罗马尼亚*	0.08
瑞典	0.68	拉脱维亚*	0.07
日本	0.67	马来西亚*	0.07
挪威	0.67	多米尼加	0.00
波兰*	0.64	塞尔维亚*	−0.04
爱尔兰	0.60	俄罗斯*	−0.05
哈萨克斯坦*	0.59	委内瑞拉	−0.08
白俄罗斯*	0.58	约旦*	−0.10
古巴	0.56	菲律宾	−0.12
荷兰	0.55	以色列*	−0.12
亚美尼亚*	0.55	塞浦路斯*	−0.13
卢森堡	0.53	哥伦比亚	−0.14
丹麦	0.51	津巴布韦	−0.17

续表

国家	综合得分	国家	综合得分
葡萄牙	0.49	伊朗 *	−0.22
科威特 *	0.47	泰国 *	−0.25
奥地利	0.46	博茨瓦纳	−0.29
克罗地亚 *	0.45	秘鲁	−0.29
阿根廷	0.45	厄瓜多尔	−0.33
捷克 *	0.45	墨西哥	−0.38
德国	0.44	摩洛哥	−0.39
阿尔巴尼亚	0.43	坦桑尼亚	−0.40
巴林 *	0.42	缅甸 *	−0.40
英国	0.42	埃及 *	−0.45
匈牙利 *	0.40	玻利维亚	−0.45
希腊 *	0.39	土耳其 *	−0.46
澳大利亚	0.39	喀麦隆	−0.50
斯洛伐克 *	0.37	斯里兰卡 *	−0.51
阿塞拜疆 *	0.36	巴西	−0.51
卡塔尔 *	0.35	印度尼西亚 *	−0.53
沙特阿拉伯 *	0.33	赞比亚	−0.55
乌克兰 *	0.33	乌干达	−0.57
斯洛文尼亚 *	0.33	加纳	−0.57
黎巴嫩 *	0.32	肯尼亚	−0.61
新加坡 *	0.31	孟加拉国 *	−0.63
新西兰	0.29	南非	−0.65
瑞士	0.29	印度 *	−0.73
加拿大	0.28	埃塞俄比亚	−0.82
西班牙	0.28	安哥拉	−0.82
文莱 *	0.27	利比里亚	−0.93
比利时	0.26	莫桑比克	−1.05
保加利亚 *	0.25	马达加斯加	−1.05
立陶宛 *	0.24	巴基斯坦 *	−1.08
意大利	0.21	苏丹	−1.11
美国	0.21	科特迪瓦	−1.24
蒙古国 *	0.12	刚果（金）	−1.41
法国	0.10		

注：*代表"一带一路"沿线国家。

表7-10中显示，以教育、治安、基础设施与社会发展自由度等指标所表征的社会发展与文化类风险在传统的西方发达国家、中东欧与亚洲部分国家中的得分明显高于撒哈拉以南的非洲、亚洲与拉丁美洲等不发达国家，前者经过长时间的经济发展，在这些领域无可避免地优于后者。

因此，综合表7-8至表7-10来看，笔者认为中国企业在海外投资时机遇与挑战是并存的。在抓住机遇的同时也要防范东道国所存在的诸多风险，这主要表现在：看好东道国市场前景却忧于政治类与社会类风险，选择优良的社会环境却忧于企业的发展前景。因此，中国企业要看清这一点对自身发展是大有裨益的。

表7-11 国别风险综合评价

国家	综合得分	国家	综合得分
新加坡*	0.80	摩洛哥	-0.08
瑞士	0.80	哈萨克斯坦*	-0.09
挪威	0.79	希腊*	-0.12
卢森堡	0.74	阿根廷	-0.13
丹麦	0.72	塞尔维亚*	-0.13
瑞典	0.68	菲律宾	-0.14
芬兰	0.67	阿塞拜疆*	-0.15
新西兰	0.65	哥伦比亚	-0.15
荷兰	0.65	巴西	-0.16
加拿大	0.63	南非	-0.16
日本	0.61	墨西哥	-0.16
德国	0.61	泰国*	-0.16
澳大利亚	0.51	厄瓜多尔	-0.16
奥地利	0.50	古巴	-0.17
文莱*	0.48	蒙古国*	-0.19
爱尔兰	0.45	玻利维亚	-0.19
英国	0.45	加纳	-0.19
比利时	0.43	多米尼加	-0.20

续表

国家	综合得分	国家	综合得分
卡塔尔 *	0.43	印度尼西亚 *	−0.21
冰岛	0.41	赞比亚	−0.22
韩国	0.40	越南 *	−0.23
爱沙尼亚 *	0.40	斯里兰卡 *	−0.26
美国	0.37	土耳其 *	−0.29
葡萄牙	0.34	印度 *	−0.33
立陶宛 *	0.34	俄罗斯 *	−0.34
捷克 *	0.33	科特迪瓦	−0.37
波兰 *	0.30	坦桑尼亚	−0.38
法国	0.28	黎巴嫩 *	−0.39
斯洛文尼亚 *	0.26	乌干达	−0.41
拉脱维亚 *	0.25	喀麦隆	−0.42
斯洛伐克 *	0.24	伊朗 *	−0.42
马来西亚 *	0.23	安哥拉	−0.44
西班牙	0.23	白俄罗斯 *	−0.45
博茨瓦纳	0.21	马达加斯加	−0.46
塞浦路斯 *	0.18	肯尼亚	−0.47
以色列 *	0.17	孟加拉国 *	−0.49
科威特 *	0.16	埃及 *	−0.50
克罗地亚 *	0.13	乌克兰 *	−0.52
意大利	0.09	缅甸 *	−0.57
巴林 *	0.09	莫桑比克	−0.57
沙特阿拉伯 *	0.05	利比里亚	−0.59
匈牙利 *	0.04	埃塞俄比亚	−0.61
保加利亚 *	0.00	津巴布韦	−0.70
罗马尼亚 *	0.00	巴基斯坦 *	−0.71
阿尔巴尼亚	−0.03	委内瑞拉	−0.88
约旦 *	−0.06	苏丹	−0.89
秘鲁	−0.06	刚果（金）	−1.03
亚美尼亚 *	−0.08		

注：*代表"一带一路"沿线国家。

结合以上研究得到表7－11，即国别风险最终评价。笔者发现，从总体来看，风险越小的国家，即 A 类、B 类投资国仍然是大部分西方发达国家与大部分中东欧国家，也包括一些西亚国家，其中包括了 20 个"一带一路"沿线国家。风险较大的国家仍然是众多非洲、拉丁美洲以及东盟等国。这一观点与主流认识是一致的，中国企业对外投资时要认清现实、趋利避害才能求得企业的长久稳定发展。

7.1.3.3　稳健性分析

为了考察对于表7－11 中的国别风险评价结果的稳健性，我们将以聚类分析为基础进行稳健性分析。聚类分析又称群分析，它是对研究样品或指标进行分类的一种多元统计方法，所谓的"类"即相似元素的集合（高惠璇，2005）。

聚类分析涉及将小群体逐渐融合成一个大群体的过程，这一过程是基于样本在许多指标上的相异性（汉密尔顿，2007）。在图7－2 的聚类分析树状图中，纵坐标表示相异性水平（Dissimilarities），横坐标则表示 95 个样本国家。该图清晰地将相似国家分为若干组，相异性水平大约在 30 左右，将样本国家分成八组。

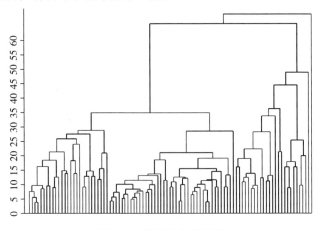

图7－2　聚类分析树状图

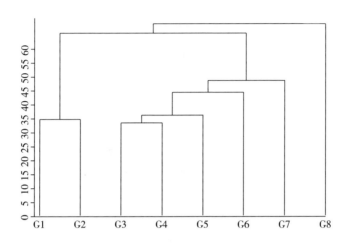

图 7 - 3　聚类分析树状图（相异性水平为 30）

表 7 - 12 中可以具体地查看这八组分类国家，分类二中的大部分国家是表 7 - 11 国别风险评价中 A 类、B 类投资国，分类一与分类三至分类八则对应着表 7 - 11 中的 C 类、D 类投资国。因此从聚类分析来看，国别风险综合评价（见表 7 - 11）中的结果是具有稳健性的。

表 7 - 12　　　　　　　八组分类国家（相异性水平为 30）

分类一
阿尔巴尼亚、墨西哥、多米尼加、匈牙利＊、乌克兰＊、约旦＊、伊朗＊、希腊＊、南非、罗马尼亚＊、秘鲁、白俄罗斯＊、越南＊、保加利亚＊、菲律宾、土耳其＊、亚美尼亚＊、俄罗斯＊、塞尔维亚＊、阿根廷、哥伦比亚、厄瓜多尔、玻利维亚、博茨瓦纳、巴西、泰国、意大利
分类二
丹麦、克罗地亚＊、爱沙尼亚＊、瑞士、比利时、挪威、立陶宛＊、韩国、马来西亚＊、卡塔尔＊、瑞典、科威特＊、波兰、捷克、巴林、斯洛文尼亚＊、奥地利、新西兰、以色列＊、荷兰、葡萄牙、黎巴嫩、沙特阿拉伯＊、日本、德国、塞浦路斯、新加坡＊、澳大利亚、爱尔兰、卢森堡、阿塞拜疆＊、文莱＊、芬兰、加拿大、哈萨克斯坦＊、西班牙、法国、美国、英国、斯洛伐克＊、冰岛、拉脱维亚＊
分类三
加纳、肯尼亚、喀麦隆、埃及＊、安哥拉、斯里兰卡＊、孟加拉国＊、蒙古国＊、乌干达、印度尼西亚＊、坦桑尼亚、缅甸＊、印度＊

续表

分类四
赞比亚
分类五
津巴布韦、古巴
分类六
科特迪瓦、马达加斯加、莫桑比克、埃塞俄比亚、刚果（金）、巴基斯坦＊、利比里亚、苏丹
分类七
摩洛哥
分类八
委内瑞拉

注：＊代表"一带一路"沿线国家。

7.1.4　小结

通过因子分析与聚类分析试图对中国对外直接投资的 95 个东道国的政治类国别风险，社会发展、文化类国别风险，经济、金融与债务类国别风险，整体国家风险进行评估发现：与主流认识相一致的是，政治类国别风险，社会发展、文化类国别风险在传统的西方发达国家以及经济合作与发展组织的一部分国家中风险较低，总的来看，整体国家风险也比较低。在新兴市场国家包括部分亚非拉美洲的国家中风险较高；与主流认识不一致的是，经济、金融与债务类国别风险在新兴市场国家以及众多发展中国家的综合得分比较高，在传统的西方发达国家中得分较低。因此本书认为中国企业在海外进行直接投资时应关注以下两个方面。

第一，把控整体国家风险。整体国家风险是东道国诸多方面风险的综合反映，总的来看，中国企业应该倾向于投资制度法律完善、社会发展程度高、人文底蕴深厚的传统西方发达国家,这样能够最低程度地减少企业海外投资的损失,实现企业的稳中求进。

第二,密切关注新兴市场国家的发展机遇。本书发现经济、金融与债务类国别风险在新兴市场国家以及众多发展中国家的综合得分比较高,因此企业在稳中求进的同时,应该抓住新兴市场国家的发展机遇,进一步寻求企业的盈利增长点。

7.2 "一带一路"沿线国家国别风险分析

7.2.1 数据来源

为了对"一带一路"沿线国家风险达到定量分析的目的,我们在结合前人定性研究的基础上,考虑了数据的可得性以及复杂性,采取2017—2019 年数据,共筛选出 19 个反映样本国家风险的指标;反映了样本国家政治类国别风险,经济、金融与债务类国别风险,社会发展、文化类国别风险。我们对相关数据进行了反向处理,使得所有指标数值越大表示该国对应类别风险越小。

表 7 – 13   "一带一路"沿线国家国别风险评级指标

序号	指标	说明	数据来源
1	市场规模	GDP 总量	世界银行
2	发展水平	人均 GDP	世界银行
3	经济增速	GDP 增速	世界银行
4	贸易开放度	(进口 + 出口)/GDP	世界银行
5	投资开放度	对外直接投资/GDP	UNCATD
6	通货膨胀	居民消费价格指数(CPI)	世界银行
7	失业率	失业人口/劳动人口	世界银行
8	外债/GDP	外债指年末外债余额	世界银行

续表

序号	指标	说明	数据来源
9	短期外债/总外债	短期外债指期限一年及一年以下的债务	世界银行
10	外债/外汇储备	外债指年末外债余额	世界银行
11	经常账户余额/GDP	货物和服务出口、收入与经常转移净额之和	世界银行
12	贸易条件	出口价格指数/进口价格指数	世界银行
13	银行业不良资产率	银行不良贷款/总贷款余额	世界银行
14	政府稳定性	政府执行所宣布政策的能力以及保持政权的能力	WGI *
15	腐败	政治体系的腐败程度	WGI
16	政府有效性	公共服务的质量及行政部门的质量	WGI
17	法制	履约质量、产权保护及合同执行质量	WGI
18	民主问责	政府对民众诉求的回应	WGI
19	监管质量	政治制度监管的有效性	WGI

注:" * "代表世界银行经济学家 Caufmann 等编制的全球治理指数,包含话语权和问责 (Voice and Accountability)、政治稳定性与非暴乱 (Political Stability and Absence of Violence/ Terrorism)、政府有效性 (Government Effectiveness)、管制质量 (Regulatory Quality)、法治程度 (Rule of Law)、腐败控制 (Control of Corruption) 六个指标。

7.2.2 实证建模、步骤

与 7.1.2 一样,仍采用正交因子分析模型,逐步进行,得出评级结果。

评级结果①

(1) 相关性检验。

KMO 检验 (KMO > 0.811) 与巴特利球形检验 ($\chi^2 = 803.744$ 且在 1% 水平上显著) 表明所选取的指标中是适合进行因子分析的。

---

① 该部分只展示 2019 年相关实证分析,2018 年与 2017 年详细结果见本部分附录。

表 7 – 14   **KMO 和 Bartlett 检验**

取样足够度的 Kaiser – Meyer – Olkin 度量		0.731
Bartlett 球形度检验	近似卡方	663.823
	自由度	171
	显著性	0.000

（2）提取初始公共因子。

在表 7 – 15 的左边三列中分别显示了提取的特征值、该特征值所解释的方差变异量以及累积变异量，我们发现前三个因子分别为 6.320、

表 7 – 15   **解释的总方差**

成分	初始特征值			提取载荷平方和		
	总计	方差百分比	累积百分比	总计	方差百分比	累积百分比
1	6.320	33.263	33.263	6.320	33.263	33.263
2	2.440	12.844	46.107	2.440	12.844	46.107
3	1.838	9.672	55.779	1.838	9.672	55.779
4	1.445	7.603	63.382	1.445	7.603	63.382
5	1.144	6.021	69.403	1.144	6.021	69.403
6	0.938	4.936	74.339			
7	0.889	4.681	79.020			
8	0.853	4.490	83.509			
9	0.662	3.486	86.996			
10	0.618	3.251	90.247			
11	0.476	2.503	92.750			
12	0.444	2.336	95.086			
13	0.297	1.565	96.650			
14	0.267	1.407	98.057			
15	0.143	0.753	98.810			
16	0.110	0.579	99.389			
17	0.053	0.280	99.669			
18	0.036	0.188	99.857			
19	0.027	0.143	100.000			

2.440、1.838、1.445、1.144 总共解释了方差变异量的 69.403%，我们提取前五个作为初始因子。

此外，在横坐标为因子数目、纵坐标为特征值的碎石图中（见图 7-4），第五个以后的因子特征值都较小，对解释原有变量的贡献很小，证明选取前五个因子是合理的。

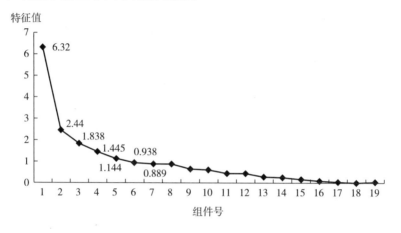

图 7-4 碎石图

（3）正交旋转。

进一步地，我们利用 SPSS 19.0 得到旋转过后的成分矩阵（见表 7-16）后发现发展水平、外债/GDP、短期外债/外债总额、经常账户余额/GDP、政府稳定性、腐败、政府有效性、法制、民主问责、监管质量、外债/外汇储备在第一个因子中具有较高的载荷，贸易开放度、投资开放度在第二个因子中具有较高的载荷，失业率、贸易条件、银行不良资产在第三个因子中具有较高的载荷，市场规模、经济增速在第四个因子中具有较高的载荷，通货膨胀在第五个因子中具有较高的载荷。因此，我们可以利用这五个因子初步表征国别风险，也初步实现了降维的目的。

表 7 - 16   旋转成分矩阵

项目	成分				
	1	2	3	4	5
市场规模	0.014	0.416	− 0.355	0.420	− 0.190
发展水平	0.813	0.165	0.157	− 0.232	− 0.062
经济增速	− 0.131	− 0.240	0.073	0.820	0.195
贸易开放度	− 0.116	− 0.730	0.293	− 0.044	0.164
投资开放度	0.296	− 0.489	− 0.078	− 0.039	0.180
通货膨胀	0.373	0.002	0.173	− 0.043	0.712
失业率	0.131	0.427	0.548	0.259	0.220
外债/GDP	0.544	0.555	− 0.327	− 0.126	0.264
短期外债/外债总额	0.541	− 0.053	0.278	− 0.326	0.012
外债/外汇储备	0.526	0.394	− 0.320	− 0.283	0.185
贸易条件	− 0.134	0.201	0.507	− 0.024	− 0.428
银行不良资产	− 0.081	0.575	0.605	0.157	− 0.034
经常账户余额/GDP	0.474	0.289	− 0.218	0.392	0.164
政府稳定性	0.590	− 0.446	− 0.303	0.225	− 0.137
腐败	0.649	− 0.242	0.455	0.041	0.094
政府有效性	0.945	− 0.014	0.030	0.134	− 0.166
法制	0.903	− 0.212	0.031	0.077	− 0.150
民主问责	0.946	− 0.060	0.043	0.102	− 0.180
监管质量	0.948	− 0.032	0.011	0.046	− 0.162

（4）计算因子得分。

我们选取三个因子的方差贡献率作为权重，即利用

$$F = 0.3326F_1 + 0.1284F_2 + 0.0967F_3 + 0.0760F_4 + 0.0602F_5$$

得到政治类国别风险的综合评价。

7.2.3 实证结果

我们将政治类国别风险综合得分在 50 以上的国家定义为 A 类投资

国，将综合得分在0～50的国家定义为B类投资国，将综合得分在－50～0的国家定义为C类投资国，将综合得分在－50分以下的国家定义为D类投资国。由此我们发现A类、B类投资国主要包括新加坡、卡塔尔、阿联酋、以色列、爱沙尼亚、捷克、斯洛文尼亚、波兰、马来西亚及立陶宛等国。C类、D类国家大部分为新兴市场国家，包括处在复杂政治经济格局的中东国家、亚洲部分发展中国家，如蒙古国、摩尔多瓦、阿尔巴尼亚、塔吉克斯坦、伊拉克、吉尔吉斯斯坦、黎巴嫩、埃及、乌兹别克斯坦及乌克兰等（见表7－17）。

表7－17　　　　　　　"一带一路"国家评级结果

排名	国家	是否为发达国家	2017年评级得分	2018年评级得分	2019年评级得分	排名变化
1	新加坡	1	53	83	110	▲
2	卡塔尔	1	54	56	63	▲
3	阿联酋	0	31	34	60	▲
4	以色列	1	50	55	59	▲
5	爱沙尼亚	1	68	43	51	▲
6	捷克	1	58	54	51	▼
7	斯洛文尼亚	1	70	97	49	▼
8	波兰	0	29	27	41	▲
9	马来西亚	0	22	7	39	▲
10	立陶宛	0	52	17	38	▲
11	匈牙利	1	24	26	35	▲
12	巴林	0	6	14	30	▲
13	拉脱维亚	0	58	51	29	▼
14	泰国	0	14	16	23	▲
15	沙特阿拉伯	0	8	16	20	▲
16	科威特	0	16	18	17	▼
17	阿曼	0	－10	8	15	▲

续表

排名	国家	是否为发达国家	2017 年评级得分	2018 年评级得分	2019 年评级得分	排名变化
18	越南	0	1	− 14	15	▲
19	罗马尼亚	0	0	0	14	▲
20	克罗地亚	0	2	6	13	▲
21	希腊	1	7	10	11	▲
22	印度	0	− 10	− 9	9	▲
23	菲律宾	0	− 3	− 16	8	▲
24	印度尼西亚	0	15	14	5	▼
25	保加利亚	0	10	11	5	▼
26	塞浦路斯	1	36	39	0	▼
27	俄罗斯	0	− 16	− 12	− 1	▲
28	斯里兰卡	0	19	− 20	− 7	▲
29	缅甸	0	− 21	− 22	− 8	▲
30	土库曼斯坦	0	− 35	− 33	− 8	▲
31	老挝	0	− 35	− 34	− 11	▲
32	柬埔寨	0	− 20	− 13	− 11	▲
33	孟加拉国	0	− 21	− 52	− 13	▲
34	哈萨克斯坦	0	− 27	− 19	− 17	▲
35	土耳其	0	− 30	− 26	− 19	▲
36	阿塞拜疆	0	− 18	− 9	− 25	▼
37	伊朗	0	− 19	13	− 28	▼
38	巴基斯坦	0	− 10	− 14	− 28	▼
39	约旦	0	12	16	− 29	▼
40	亚美尼亚	0	13	23	− 33	▲
41	白俄罗斯	0	6	− 8	− 33	▼
42	蒙古国	0	− 36	− 16	− 33	▼
43	摩尔多瓦	0	− 19	− 31	− 33	▼
44	阿尔巴尼亚	0	− 12	− 11	− 38	▼
45	塔吉克斯坦	0	− 45	− 55	− 39	▲

续表

排名	国家	是否为发达国家	2017 年评级得分	2018 年评级得分	2019 年评级得分	排名变化
46	伊拉克	0	− 36	− 26	− 43	▼
47	吉尔吉斯斯坦	0	− 2	− 16	− 50	▼
48	黎巴嫩	0	− 43	− 33	− 56	▼
49	埃及	0	− 33	− 26	− 67	▼
50	乌兹别克斯坦	0	− 58	− 72	− 71	▲
51	乌克兰	0	− 22	− 47	− 79	▼

注：▲代表上升，▼代表下降。

7.3 结语

概括地说，从 7.1 的实证结果看，政治类国别风险和社会发展、文化类国别风险在传统的西方发达国家与中东欧等国家间的综合得分比较高，表示风险度较低；经济、金融与债务类国别风险在新兴市场国家以及众多发展中国家的综合得分比较高，表示此类风险较发达国家发生的可能性低一些。在此基础上，我们研究发现：整体国家风险综合得分较高的仍然是发达国家。从 7.2 的综合评级结果看，"一带一路"沿线国家近三年评级结果，大部分得分无明显变化，这可能是一国综合环境很难在短期内有所变化的缘故。而从表 7 – 11 与表 7 – 17 共同包含的"一带一路"国家评级排序比较，以色列排名上升较快，缅甸、巴基斯坦也有明显晋升；除了中东部分国家如伊拉克、黎巴嫩、埃及等仍为高风险之外，独联体国家如乌兹别克斯坦、乌克兰等风险度也排入此系列的表中，由此可见，地缘政治风险事件为最大影响因素，且至少持续 3 ~ 5 年。因此，中国企业海外投资、贸易必须审时度势，具体情况具体分析，趋利避害才能长远发展。

附录：

2018 年

附表 1   KMO 和 Barlett 检验

取样足够度的 Kaiser – Meyer – Olkin 度量		0.629
Barlett 球形度检验	近似卡方	585.923
	自由度	171
	显著性	0.000

附表 2   解释的总方差

成分	初始特征值			提取载荷平方和		
	总计	方差百分比	累积百分比	总计	方差百分比	累积百分比
1	5.041	26.532	26.532	5.041	26.532	26.532
2	3.332	17.537	44.069	3.332	17.537	44.069
3	1.708	8.988	53.058	1.708	8.988	53.058
4	1.571	8.267	61.325	1.571	8.267	61.325
5	1.220	6.421	67.746	1.220	6.421	67.746
6	1.023	5.383	73.129	1.023	5.383	73.129
7	0.957	5.037	78.166			
8	0.758	3.992	82.157			
9	0.672	3.536	85.693			
10	0.612	3.222	88.915			
11	0.587	3.088	92.003			
12	0.488	2.568	94.571			
13	0.350	1.843	96.414			
14	0.256	1.348	97.762			
15	0.203	1.068	98.830			
16	0.095	0.500	99.330			
17	0.057	0.299	99.629			
18	0.035	0.187	99.815			
19	0.035	0.185	100.000			

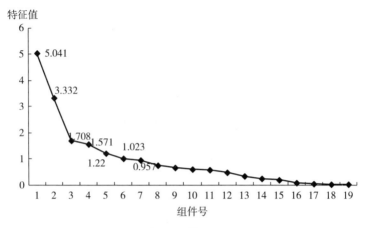

附图1 碎石图

附表3   旋转成分矩阵

项目	成分				
	1	2	3	4	5
市场规模	0.016	0.137	-0.665	-0.231	-0.010
发展水平	-0.225	0.734	0.263	0.014	-0.066
经济增速	0.204	-0.347	-0.354	0.483	-0.367
贸易开放度	-0.186	-0.379	0.608	0.295	-0.156
投资开放度	0.038	-0.142	0.368	0.224	-0.282
通货膨胀	-0.024	0.564	0.347	0.336	-0.086
失业率	-0.051	0.266	-0.337	0.638	-0.117
外债/GDP	0.099	0.853	-0.145	-0.164	-0.226
短期外债/外债总额	-0.229	0.594	0.336	0.164	0.253
外债/外汇储备	-0.020	0.698	0.093	-0.259	-0.168
贸易条件	-0.444	0.012	0.027	0.239	0.727
银行不良资产	-0.276	0.184	-0.323	0.599	0.231
经常账户余额/GDP	0.112	0.677	-0.172	0.101	-0.056
政府稳定性	0.705	0.048	-0.004	0.253	-0.273
腐败	0.719	-0.087	0.222	-0.026	-0.047
政府有效性	0.945	0.074	0.054	0.013	0.199
法制	0.944	-0.008	0.042	0.104	0.165
民主问责	0.948	0.087	0.014	0.061	0.218
监管质量	0.930	0.135	0.006	-0.025	0.193

2019 年

附表 4   **KMO 和 Barlett 检验**

取样足够度的 Kaiser – Meyer – Olkin 度量		0.633
Barlett 球形度检验	近似卡方	592.632
	自由度	171
	显著性	0.000

附表 5   **解释的总方差**

成分	初始特征值			提取载荷平方和		
	总计	方差百分比	累积百分比	总计	方差百分比	累积百分比
1	5.011	26.371	26.371	5.011	26.371	26.371
2	3.151	16.582	42.954	3.151	16.582	42.954
3	1.998	10.518	53.472	1.998	10.518	53.472
4	1.500	7.894	61.366	1.500	7.894	61.366
5	1.177	6.194	67.560	1.177	6.194	67.560
6	1.081	5.687	73.248	1.081	5.687	73.248
7	1.004	5.283	78.531	1.004	5.283	78.531
8	0.860	4.525	83.056			
9	0.710	3.738	86.794			
10	0.606	3.188	89.982			
11	0.443	2.330	92.312			
12	0.382	2.012	94.325			
13	0.346	1.823	96.147			
14	0.272	1.432	97.580			
15	0.215	1.132	98.712			
16	0.111	0.584	99.296			
17	0.058	0.305	99.601			
18	0.041	0.217	99.818			
19	0.035	0.182	100.000			

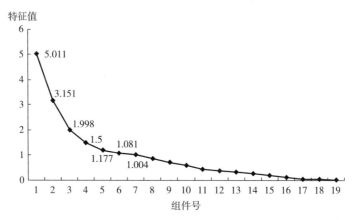

附图2　碎石图

附表6　　　　　　　　　　　旋转成分矩阵

项目	成分						
	1	2	3	4	5	6	7
市场规模	−0.004	0.200	−0.426	0.026	0.501	−0.187	−0.207
发展水平	−0.252	0.743	0.268	−0.185	−0.275	0.042	−0.110
经济增速	0.120	−0.226	0.190	0.400	0.699	0.082	0.310
贸易开放度	−0.088	−0.470	0.605	−0.089	0.004	0.348	0.219
投资开放度	0.049	0.062	0.565	−0.394	0.113	0.395	−0.132
通货膨胀	−0.063	0.361	0.662	0.271	0.154	−0.383	0.109
失业率	−0.041	0.391	0.086	0.592	−0.090	0.200	−0.538
外债/GDP	0.038	0.820	−0.163	−0.177	0.249	0.074	0.026
短期外债/外债总额	−0.134	0.523	0.577	0.237	−0.089	−0.355	0.126
外债/外汇储备	−0.058	0.634	−0.028	−0.388	0.173	0.252	0.196
贸易条件	−0.482	0.048	−0.203	0.226	−0.368	0.102	0.502
银行不良资产	−0.282	0.160	−0.140	0.631	−0.104	0.447	0.044
经常账户余额/GDP	−0.117	0.745	−0.253	−0.002	0.038	0.104	0.249
政府稳定性	0.699	0.103	0.150	0.088	0.122	0.371	−0.145
腐败	0.730	−0.038	0.229	−0.055	−0.137	−0.125	−0.167
政府有效性	0.948	0.112	−0.076	0.054	−0.089	−0.046	0.132
法制	0.953	0.024	−0.040	0.094	−0.061	0.038	0.101
民主问责	0.941	0.115	−0.049	0.091	−0.127	0.017	0.139
监管质量	0.925	0.171	−0.094	0.015	−0.094	−0.032	0.136

第 8 章
我国对"一带一路"沿线国家的
贸易潜力与贸易风险实证分析

"贸易是经济增长的重要引擎"[①]。"一带一路"建设促使我国与周边国家的经济贸易往来变得密切,贸易量总体呈现上升趋势。但国际政治经济形势波诡云谲,逆全球化与单边主义、贸易保护主义使得信用危机频繁发生,尤其自全球新冠肺炎爆发以来,贸易风险陡增。在国际贸易的风险因素日益增多的当下,考察我国与沿线伙伴国的总体贸易体量、贸易效率,评价贸易潜力、贸易水平是否得到充分发挥是非常必要的。同时,贸易风险作为影响贸易潜力的因素,哪些主要贸易风险因素导致贸易效率低下?如何充分发挥本国优势,管控风险、挖掘"一带一路"国家的贸易潜力,提升效率?以上问题是本部分重点探讨的内容。

8.1 贸易潜力与贸易风险

8.1.1 贸易潜力与贸易指数

Nilsson(2000)和 Egger(2002)将传统引力模型估算出的双边贸

---

① 选自习近平 2017 年在北京出席携手推进"一带一路"建设.在"一带一路"国际合作高峰论坛开幕式上的演讲。

易拟合值称为"贸易潜力"。也可以理解为,在现有贸易阻碍因素作用最小的情况下,最大贸易量就是贸易潜力(Kalirajan,2007)。在国际贸易中,贸易效率是指实际贸易量与理论值"贸易潜力"之比,反映了既定的经济规模、地理距离等自然条件制约下,一国的贸易潜力得以实现的程度(Nilsson,2000)。可以说,贸易潜力与贸易效率之间有着密不可分的关系。对贸易潜力的研究主要采取构建贸易指数和构建引力模型两方面。

第一,构建贸易指数。贸易指数通过贸易结合度、贸易互补性指数等指标对两国间的贸易互补性、竞争性及便利性进行比较,方法简单,在此基础上可以根据分析需要对行业、产业等细分,局限在于只适用于两国间的比较,且同时不能体现国内生产总值、人口等多种贸易因素的影响。贸易指数主要包括竞争性分析、互补性分析以及贸易便利化分析等。竞争性分析主要通过出口相似度指数来分析两国或地区间出口到同一市场的贸易产品的竞争性。

Finger 和 Kreinin(1979)提出出口相似度的概念,用于衡量两个地区出口相同市场的出口商品结构的相似性,取值范围是 0~100,取值越大,说明两个地区出口相同市场的出口商品结构越相似,竞争性越大。互补性分析则主要通过产业内贸易指数来分析两国或两地区间出口到同一市场贸易产品的互补性。Balassa(1965)提出产业内贸易指数,用来测度两个地区在同一产业的产业内贸易的程度。贸易便利化分析主要是通过影响贸易的各方面因素,综合各项指数对出口及进口的便利性进行分析。Otsuki、Wilson 和 Mann(2003)将贸易便利化区分为四个领域:港埠效率、海关环境、国内规章环境与服务部门的基础建设,构建贸易便利性评分体系。

国内的专家学者在此基础上分析讨论时,不再局限于某一指数,而是通过多种贸易指标结合分析贸易潜力与贸易效率的影响，包括贸易竞争优势指数、贸易结合度、贸易互补性指数等指标，比较优势指数和贸易互补性指数，贸易强度指数和贸易潜力指标，贸易结合度指数、出口相似度指数、贸易互补性指数、产业内贸易指数等。

第二，构建贸易引力模型。贸易引力模型是测算贸易潜力最常用的方法，通过构建模型，比较实际值与理论值，即对两国间的贸易效率进行分析，根据考虑人为因素与否又分为传统引力模型和随机前沿引力模型。与贸易指数相比，其优点在于实现多个国家多时间段的贸易效率的比较。Tinbergen（1962）、Poyhonen（1963）最早将传统引力模型引用到国际贸易领域，用于估计决定各种贸易因素的平均效应，如经济规模、地理位置、制度等变量。

近年来，国内外已有大量学者采用传统引力模型来估计贸易潜力。Rahman（2009）运用最小二乘法估计引力模型分析讨论 2001—2005 年澳大利亚与 50 个贸易伙伴国的贸易潜力，研究结果表明，澳大利亚与新加坡、阿根廷、俄罗斯等国的贸易潜力较大。Simwaka（2010）以 1991—2000 年南非发展共同体成员国作为研究对象，采用极大似然法估计引力模型测算成员国之间的贸易潜力及贸易效率水平，研究结果表明，共同体成员国之间贸易潜力较大，且各成员国之间签订的自由贸易协议有利于带动区域内的贸易流量，有效地推进了与伙伴国间的贸易紧密联系。Kaur 和 Nanda（2010）运用 1981—2005 年印度与南盟各国家的面板数据量化贸易出口潜力，得出与本国是否有共同边界这一因素对印度的贸易潜力产生重要影响。Khan 等（2013）以 1990—2010 年巴基斯坦与主要贸易伙伴的双边贸易流量作为研究对象，构建引力模型，研究结果表明，巴基斯坦与土耳其、日本、伊朗、印度和马来西亚存在未开发的贸易潜力，贸易国国民生产总值、两国距离两大因素显著推进贸易流量，文化相似度则阻碍了贸易流量的创造。Wang 等（2010）在研究经济合作与发展组织成员国 1980—1998 年的贸易流量和贸易效率时，在传统引力模型基础上纳入对外直接投资存量、国内研究与开发指标，结果表明贸易国之间的距离对贸易流量起到决定性作用，同时贸易国内部的对外直接投资存量和研发类数据也在推进经济合作与发展组织成员国之间的贸易来往。国内学者在潜力研究方面，大多针对我国与世界其他各国的贸易潜力问题进行研究，主要集中于新兴市场发展中国家、东亚各国等。金缀桥等（2015）研究表明，我国与韩国之间的双边贸易潜力不断上升，且由于贸易商品的互补性，我国对韩国的出口潜力极大。赵翙（2016）引用传统贸易引力模型研究我国对阿拉伯国家农产品出口的贸易潜力时，发现我国与阿拉伯国家在农产品出口方面存在较大潜力。

传统引力模型的局限性在于，基于传统贸易引力模型的贸易潜力测算方法，是考虑两个经济体的总量和地理距离等贸易阻力因素的"平均化"作用后的"贸易潜力"，是一种贴近实际贸易量的平均值，不能解决对双边贸易有着重要影响的促进或阻碍贸易的因素问题。

8.1.2 贸易潜力与国际贸易风险

国际贸易风险是指在国际贸易往来过程中，贸易主体可能面临的突如其来的变化因素，导致实际的成本收益与预期出现偏差而遭受损失的可能性。贸易风险具备不确定性、复杂性和客观性的基本特征，可能出现在贸易业务的各个环节，对贸易主体利益的获得产生显著的影响。国外学者主要从以下几个方面研究贸易风险的来源，包括贸易制度的缺陷（Grace 等，2006）、经济规模、国家间距离与贸易开放度（Rahman，2005）、贸易伙伴国的国内生产总值、距离以及汇率（Roy 等，2011）、劳动自由度、政府的腐败程度、金融自由度、投资自由度和贸易自由度（Roperto，2014）、市场规模与人均收入水平（Edgardo 等，2014）、制度性变量、社会经济指标和政治壁垒（Miankhe，2015）。

国内对贸易风险的研究主要集中在定性分析。从不同角度出发，国际贸易风险的分类是存在差异的，主要包括政治风险、市场风险、社会文化风险、技术风险以及合同风险、运输风险和结算风险，自然风险、贸易欺诈风险、价格变动风险，民主进步、关税、自由贸易协定和制度环境等风险，基础设施条件、关税、金融发展水平、通关程序复杂度风险，政府治理能力、贸易便利程度风险，空间距离风险，海运航道距离风险，铁路运输距离风险，经济规模因素、地理区位影响以及各区域特色贸易安排风险，物流绩效指数、货物运输的及时性、便利性、物流服务风险，等等。

从上述对外贸易影响因素研究和本书中 3.1.2 的相关文献梳理不难发现，在影响贸易因素变量的选取上，不同学者有不同的选择。并没有较为直接的关于风险整体的代表性变量可以选取，大多是通过多种细化指标反馈，不少实证分析证明两国经济规模、国与国之间的距离是影响贸易的重要因素。就研究地域来看，国外的研究极少以中国的对外贸易作为研究视角，国内学者们的研究侧重点集中于我国对某一个国家、小区域的贸易效率和影响效率因素的分析讨论，如东盟、南亚、西亚等地区，并且主要是将贸易风险作为对影响贸易潜力的因素进行分析。

8.1.3 "一带一路"贸易风险分析

随着"一带一路"倡议深入实施，全球一体化趋势不断强化，各个国家区域之间的经济紧密联系，相互依赖程度不断加深，国际形势更是复杂多变，政治环境不稳定、信用危机频频发生、恐怖主义威胁等影响国际贸易的各种风险因素层出不穷，贸易风险不断扩大。当前主要面临的贸易风险有以下三个。

第一，政治风险。政治风险是国际贸易面临的主要风险，其中包括国家政府贸易相关政策改变，可能导致贸易中断，对企业利益造成损害甚至是威胁。

第二，贸易壁垒。近年逆全球化的贸易保护主义抬头，某一国家排斥其他经济体的现象时有发生，个别国家为保护本国的贸易，采用形式复杂和方法隐蔽的手段限制我国商品进入本国市场，针对性地修改海关规则，并利用技术优势提高市场准入门槛进行贸易保护，这一行为极大地阻碍了我国与沿线国家间的贸易来往，抑制了贸易潜力的充分发挥。

第三，经济金融风险。现阶段，国际经济复苏依然缓慢且不均衡，国际贸易投资疲弱，经济金融风险不断涌现。当全球经济形势发生变动时，国家的市场经济形势也会随之发生变动，经济金融风险主要来源于市场波动、贸易结算、汇率波动等。"一带一路"沿线国家的经济社会相对落后，市场的消费需求的信息不能得到及时反馈，在一定程度上影响国际市场的贸易往来。同时，贸易结算风险的不确定性可能带来的损失，这主要由于不同国家依据各自国情采取的结算和汇款方式，还有货币种类不同导致的结算风险。再则，信用风险、不稳定的汇率制度会使国家贸易损失加大，不利于贸易活动的长久稳定发展（详见本书5.2）。

8.2 实证分析

8.2.1 理论模型的引入

在经济学中，常需要估计生产函数与成本函数。教科书对生产函数

$f(x)$ 的标准定义为在给定投入下的最大产出。但现实中的厂商可能达不到此最大产出的前沿（Frontier）。为此，假设厂商 i 的产量为

$$y_i = f(x_i, \beta) e^{-\mu_i}$$

其中，β 为待估参数；$e^{-\mu_i}$ 为厂商 i 的非效率水平，$0 < e^{-\mu_i} \leqslant 1$。如果 $e^{-\mu_i} = 1$，则厂商 i 正好位于效率前沿。考虑到生产函数还会受到随机冲击，故将方程改写为

$$y_i = f(x_i, \beta) e^{-\mu_i} e^{v_i}$$

其中，$e^{v_i} > 0$ 为随机冲击，进而该生产函数的前沿是随机的，则称此类模型为"随机前沿模型"（Stochastic Frontier Model），最早由 Aigner 等（1977）提出。

我们将其应用到国际贸易问题分析中。一般地，假设 y 为中国与"一带一路"沿线国家的贸易额，x 为引力模型中影响贸易额的基本变量及其他变量，β 为待估参数。v 为随机冲击，服从均值为零的标准正态分布。$e^{-\mu}$ 为贸易非效率水平，与 v 相互独立。此外，通过估计就能分析东道国的贸易效率状况：

$$\text{贸易效率} = \frac{\text{实际贸易额}}{\text{潜在贸易额}}$$

贸易效率取值范围为 $[0, 1]$，反映了实际贸易水平相对于最大贸易水平的实现程度。实现程度越高，贸易效率越高；反之，则越低。当贸易效率为 1 时，表示国家间无摩擦贸易，实际贸易额达到贸易潜力值；当贸易效率小于 1 时，国家间存在贸易非效率，实际贸易额小于贸易潜力。

8.2.2　引力模型的设定

传统的引力模型认为，两国间贸易规模的大小会受到两国经济规

模、距离、制度、政治等多个变量的影响，因此，两国间的贸易潜力可看作是在给定经济规模、距离、制度和其他因素的情况下实现贸易规模的最大化问题。显然与贸易潜力的分析和生产函数类似，因此可以把用于分析生产效率的随机前沿方法用来分析贸易潜力。

根据 Armstong（2007）的研究，在利用随机前沿贸易引力模型时，仅使用包括经济规模和距离、边界、语言等变量在短期内不会改变的核心变量，在短期内不随时间变化的变量通常使用虚拟变量进行表示。而其他在短期内容易改变的因素如贸易自由度、政府效率等则纳入贸易非效率项中进行考察，以此来估计贸易阻力。

（1）依据上述分析，构建如下模型估算我国与"一带一路"沿线国家的出口潜力：

$$\ln Ex_{ijt} = \alpha_0 + \alpha_1 \ln GDP_{it} + \alpha_2 \ln GDP_{jt} + \alpha_3 \ln pop_{it}$$
$$+ \alpha_4 \ln pop_{jt} + \alpha_5 \ln dis_{ij} + \alpha_6 \ln and_j + v_{ijt} - u_{ijt}$$

（2）构建如下模型估算我国与"一带一路"沿线国家的贸易潜力：

$$\ln Trade_{ijt} = \beta_0 + \beta_1 \ln GDP_{it} + \beta_2 \ln GDP_{jt} + \beta_3 \ln pop_{it}$$
$$+ \beta_4 \ln pop_{jt} + \beta_5 \ln dis_{ij} + \beta_6 \ln and_j + v_{ijt} + u_{ijt}$$

其中，被解释变量 Ex 与 $Trade$ 表示 t 时期 i 国对 j 国的出口额与贸易总额，本书中 i 国是指中国，j 国为"一带一路"沿线国家。

此外，解释变量 GDP 为第 t 时期中国和贸易国的国内生产总值，反映贸易往来国家的经济发展程度和需求水平，一般认为该指标与贸易出口呈正相关关系。dis 反映两国贸易往来需要花费的运输成本，一般认为该距离与贸易出口呈负相关关系。此外，$land$ 表示贸易国是否为内陆国。

（3）进一步地，构建如下模型分析贸易非效率的影响因素：

$$u_{ijt} = \gamma_0 + \gamma_1 IF_{jt} \gamma_2 TF_{jt} + \gamma_3 FF_{jt} + \gamma_4 GE_{jt}$$
$$+ \gamma_5 RL_{jt} + \gamma_6 FTA_{ijt} + \gamma_7 BRI_{ijt} + \varepsilon_{ijt}$$

其中，贸易自由度指数 TF 是由关税和非关税壁垒计算的贸易开放程度，包括贸易加权的平均关税率和非关税壁垒数量两个中类指标，如数量、价格、监管水平、投资、海关管制以及直接的政府干预，因此预期该变量与贸易非效率项呈负相关。

投资自由度指数 TF 是用于衡量进出口双方独立投资的权限范围和资本流动的自由程度，包括六个中类指标，即是否有外国投资代码，政府是否鼓励外国企业公平的参与投资，是否对外资企业收入汇出进行管制，外国公司是否享受同等待遇，政府对支付、转移和资本交易是否进行限制，某些特殊行业是否拒绝外国投资，预期与贸易非效率项呈负相关。

金融自由度指数 FF 是用于衡量一国银行的效率水平以及金融业相对政府控制和干预的独立性，预期与贸易非效率项呈负相关，包括政府对银行服务和其他金融服务的管制程度、金融服务公司开业和运营的难易程度、政府对信贷资金分配影响的大小。

政府效率指标 GE，体现了对公共服务质量，公务员素质及其独立于政治压力的程度，政策制定和实施的质量以及政府对此类政策承诺的可信度的看法。

法律制度和腐败控制指标 RL 体现了对代理人信任和遵守社会规则的程度的看法，特别是对合同执行，财产权，警察和法院的质量，以及由此影响到的犯罪和暴力的可能性。

此外，还包括双方是否签订自由贸易协定以及"一带一路"倡议生效年份等虚拟变量。

表 8 - 1   变量的说明

变量名称	变量代码	数据来源	相关说明
中国对贸易伙伴国商品出口	Ex	UN Comtrade	被解释变量
中国与贸易伙伴国商品贸易总额	Trade	UN Comtrade	被解释变量
贸易伙伴国国内生产总值	GDP_1	World Bank	贸易伙伴国市场规模
中国国内生产总值	GDP_2	World Bank	中国国内市场规模
贸易伙伴国人口规模	pop_1	World Bank	贸易伙伴国人力资源
中国人口规模	pop_2	World Bank	中国人力资源
距离	dis	CEPII	中国与贸易伙伴国首都之间地理上球面距离
内陆国	land	CEPII	表示贸易国是否为内陆国,若是内陆国则取值为1,否则为0
投资自由度	IF	The Heritage Foundation	取值范围（0，100），分数越高，说明该国国内以及国家间资本的流动越自由
贸易自由度	TF	The Heritage Foundation	取值范围（0，100），分数越高，说明该国的贸易壁垒越少
金融自由度	FF	The Heritage Foundation	取值为（0，100），分数越高，说明金融自由度越高
自由贸易协定	FTA	商务部	中国与贸易伙伴国的自由贸易协定生效当年及以后年份 $fta=1$，协定未生效的年份或未签订协定的年份 $fta=0$
政府效率	GE	WGI	数值范围在（-2.5，2.5），指标值越高意味着该国的政府效率水平越高，政府公信力越高
腐败控制	RL	WGI	数值范围在（-2.5，2.5），指标值越高意味着该国的治理能力越强、制度环境越好
"一带一路"倡议生效年份	BRI	商务部	"一带一路"倡议生效起始时间为2014年及以后年份为1，否则为0

注：进出口与 GDP 数据剔除了通胀因素。

此外，考虑到数据的可得性与有效性，本书选取了 2006—2018 年中国与"一带一路"沿线 50 个国家间的贸易进出口数据为样本，包括东亚和南亚 6 国、东盟 8 国、中亚 5 国、中东欧 12 国、独联体 7 国、西亚和北非等 12 国。

表 8 – 2　　　　　　　　　　　　　　　样本国家

区域	国家
东亚	蒙古国
东盟	新加坡、马来西亚、印度尼西亚、泰国、老挝、柬埔寨、越南、菲律宾
南亚	印度、巴基斯坦、孟加拉国、斯里兰卡、尼泊尔
中亚	哈萨克斯坦、土库曼斯坦、塔吉克斯坦、乌兹别克斯坦、吉尔吉斯斯坦
中东欧	波兰、立陶宛、爱沙尼亚、拉脱维亚、捷克、斯洛伐克、匈牙利、斯洛文尼亚、波黑、阿尔巴尼亚、罗马尼亚、北马其顿
独联体	俄罗斯、乌克兰、白俄罗斯、格鲁吉亚、阿塞拜疆、亚美尼亚、摩尔多瓦
西亚北非等	伊朗、土耳其、约旦、黎巴嫩、以色列、沙特阿拉伯、阿联酋、卡塔尔、科威特、希腊、塞浦路斯、埃及

8.2.3　实证结果

8.2.3.1　适用性检验

由于随机前沿方法比较依赖模型的形式设定，因此在测算贸易效率之前，需要进行两方面的检验，第一，利用似然比检验方法来判别随机前沿引力模型的适用性。第二，检验贸易效率是否具有时变性（Time - Invariant Model，TIM）①，即确定贸易非效率项是否会随时间而变化，若不随时间变化，选用时不变模型，否则选用时变模型（Time - Varying Decay Model，TVDM）。

---

① 早期的随机前沿模型假定，非效率项 u 不会随时间的变化而变化，即所谓的时不变模型（TIM），该模型只能得到样本的平均技术效率。Battese 等（1992）提出时变衰减模型（TVDM），该模型可以估计每个样本单位的时变技术效率。

表8-3   模型设定检验

原假设	约束模型	非约束模型	LR 统计量	1% 临界值	检验结论
不存在贸易效率项	-514	-148	825.6	9.40	拒绝
贸易效率项不变化	-316	-148	74.68	7.36	拒绝

表8-3中，结果表明，第一，"LR统计量远超过1%临界值，不存在贸易非效率"的原假设被显著地拒绝，即贸易非效率效应是存在的，这表明采用随机前沿引力模型是合适的。第二，显著拒绝了"贸易非效率不随时间变化"的假设，即贸易非效率是随时间变化的，说明使用时变衰减模型更为恰当。

8.2.3.2 回归结果分析

在对模型进行前期检验后，本书利用时变衰减随机前沿引力模型来测度我国的贸易效率水平，并且为了验证模型的稳健性，选择时不变模型作为对照，以此分析我国对"一带一路"沿线国家出口贸易的影响因素。

表8-4   随机前沿引力模型回归结果

影响因素	出口		进口		贸易总额	
	TI 模型1	TVD 模型2	TI 模型3	TVD 模型4	TI 模型5	TVD 模型6
贸易伙伴国国内生产总值	0.715*** (12.40)	0.708*** (12.01)	0.887*** (7.086)	0.953*** (7.292)	0.859*** (14.64)	0.854*** (13.78)
贸易伙伴国人口规模	0.117 (1.442)	0.150* (1.653)	0.0924 (0.630)	-0.458*** (-2.964)	0.0878 (1.079)	0.0446* (0.513)
中国国内生产总值	1.579*** (8.898)	1.574*** (8.800)	2.018*** (5.333)	1.762*** (4.573)	1.468*** (8.069)	1.445*** (7.757)
中国人口规模	-24.60*** (-6.402)	-26.98*** (-6.231)	-25.95*** (-3.180)	-34.46*** (-4.393)	-21.36*** (-5.409)	-25.10*** (-6.111)
距离	-1.227*** (-3.617)	-1.094*** (-2.942)	-1.613*** (-3.460)	-0.317 (-0.684)	-1.498*** (-4.443)	-1.043*** (-2.748)
内陆国	-0.206 (-0.699)	-0.352 (-1.087)	-0.0317 (-0.0527)	-0.0697 (-0.140)	0.0321 (0.115)	0.173 (0.623)

续表

影响因素	出口		进口		贸易总额	
	TI 模型 1	TVD 模型 2	TI 模型 3	TVD 模型 4	TI 模型 5	TVD 模型 6
截距项	284.8***	311.6***	293.5***	394.2***	247.5***	288.9***
	(6.579)	(6.386)	(3.171)	(4.415)	(5.570)	(6.208)
η		0.005		0.023***		0.010***
		(1.19)		(6.23)		(2.32)
γ	0.911	0.905	0.875	0.9121	0.891	0.889
观察值	650	650	650	650	650	650

注：＊＊＊、＊＊、＊分别表示1%、5%和10%的显著性水平，括号内为 t 值。

表 8-4 中回归结果表明：

（1）GDP 变量对我国与"一带一路"贸易国之间的贸易量起到显著正向拉动作用。表明随着贸易双方经济规模的不断扩大，我国的贸易额就会显著增加，越能促进贸易的发展。以总贸易额为例，我国的 GDP 水平每增长 1%，与沿线国家间的贸易额就会增加 1.4%，贸易伙伴国的 GDP 水平每增加 1%，总体贸易额就会增加 0.85%。不难发现，与贸易伙伴国相比，我国经济规模的变化更能引起贸易规模发生更大变化。

（2）我国的人口规模数量 pop 对沿线贸易量起到显著的负向作用，"一带一路"贸易伙伴国的人口数量 pop 对贸易出口和总贸易起到显著的正向作用。具体来说，在出口方面，我国人口规模数量每增加 1%，双边贸易额就会减少 26%，且在 1% 水平上显著，原因可能是由于人口增加、市场规模扩大，会引起国内对贸易产品的需求上升，则与其他国家进行贸易出口的数量就会减少；贸易伙伴国的人口每增加 1%，双边贸易额显著增加 0.15%，表明贸易伙伴国人口数量的增加，引起贸易国对产品的需求增加，进口能力增加，我国对外至该国的市场规模扩大，从而推进我国的贸易出口的现象。

类似地，在总贸易方面，我国人口规模每增加 1%，贸易出口额就会相应减少 25%，且在 1% 水平上显著，贸易伙伴国的人口规模每增长 1%，总贸易额在 1% 水平上增加 0.04%。不难发现，不论是出口还是总贸易额，我国人口规模对被解释变量的影响程度远远超过伙伴国人口规模变动带来的影响，且两者相差悬殊。这其中原因可能是由于与中国相比，大多数"一带一路"沿线贸易伙伴国家国土面积及人口资源有限，整体基数较小，人口增长变化较小，不易引起贸易额方面巨大的变动。

（3）我国与贸易伙伴国间的距离 $dist$ 对双边贸易额具有显著的负向影响。以总贸易为例，两国距离每增加 1%，双边贸易额就会减少 1.043%，这表明我国与"一带一路"沿线国家距离越远，面临越高的贸易成本，越是不利于双方的贸易往来，即代表运输成本的两国之间的距离是阻碍我国与"一带一路"沿线国家贸易的重要因素。

（4）是否内陆国变量 $land$ 对贸易额的影响有待讨论。具体地，该变量对贸易出口产生显著的负向影响，对贸易进口有一定的影响，而在总贸易方面并不显著。表明贸易伙伴国是否为内陆国对贸易额的影响不具有确定性，一方面内陆国在一定程度上会增加陆地运输成本，不利于贸易的发展；但另一方面海运的便利性，可能会减少运输成本，带动贸易的频繁发展，正如我国与东盟的贸易发展与中亚地区相比更为频繁。同时即使两国相邻，贸易规模并不一定很大，仍然存在其他影响贸易的因素。

8.2.3.3 *贸易潜力测算*

进一步地，在前文的基础上，我们利用 stata 15 可以得到贸易潜力水平。由表 8 - 4 回归结果可以看出，模型 6 中的 η 估计值显著为正，说明中国与"一带一路"沿线国家的贸易效率呈现出随时间递增的变化趋势，因此，我们在下文中计算 2006—2018 年（部分）"一带一路"沿线国家的平均贸易效率。

平均来看，2006—2018 年，我国与各"一带一路"沿线国家之间的进口效率（0.172）＞总贸易效率（0.15）＞出口效率（0.125），两者的效率最大值与最小值之间差距较大，双边贸易效率的最大值是 0.846，最小值为 0.015，而出口效率的最大值为 0.842，最小值仅仅只有 0.09。此外，可以发现，有些国家的总贸易效率、出口效率以及进口效率之间排名差距较大。

表 8-5　2006—2018 年（部分）"一带一路"沿线国家平均贸易效率

排名	国家	平均效率	排名	国家	平均效率
1	越南	0.846	26	爱沙尼亚	0.093
2	吉尔吉斯斯坦	0.621	27	黎巴嫩	0.091
3	马来西亚	0.505	28	卡塔尔	0.088
4	新加坡	0.488	29	老挝	0.088
5	阿联酋	0.273	30	塞浦路斯	0.087
6	沙特阿拉伯	0.245	31	波兰	0.084
7	泰国	0.218	32	印度	0.084
8	约旦	0.196	33	斯里兰卡	0.083
9	塔吉克斯坦	0.193	34	拉脱维亚	0.079
10	伊朗	0.172	35	巴基斯坦	0.077
11	科威特	0.171	36	阿尔巴尼亚	0.072
12	菲律宾	0.169	37	立陶宛	0.070
13	柬埔寨	0.159	38	土耳其	0.069
14	匈牙利	0.146	39	罗马尼亚	0.067
15	印度尼西亚	0.145	40	格鲁吉亚	0.064
16	土库曼斯坦	0.144	41	孟加拉国	0.063
17	乌克兰	0.142	42	乌兹别克斯坦	0.060
18	哈萨克斯坦	0.137	43	希腊	0.054
19	蒙古国	0.133	44	白俄罗斯	0.043
20	俄罗斯	0.124	45	尼泊尔	0.037
21	埃及	0.110	46	阿塞拜疆	0.032
22	捷克	0.110	47	亚美尼亚	0.031
23	斯洛伐克	0.107	48	摩尔多瓦	0.025
24	以色列	0.107	49	北马其顿	0.025
25	斯洛文尼亚	0.103	50	波黑	0.015

注：所有贸易效率均不包括服务贸易。

通过对总双边贸易效率值排在前 10 的国家整理发现，在表 8-5 中除伊朗外其余 9 个国家均是世界贸易组织的成员国家，比例高达 90%，有一半的国家与我国签订了自由贸易协定，同时是世界贸易组织成员

表 8-6 2006—2018 年（部分）"一带一路"沿线国家平均出口效率

排名	国家	平均效率	排名	国家	平均效率
1	吉尔吉斯斯坦	0.842	26	斯里兰卡	0.081
2	越南	0.620	27	伊朗	0.081
3	新加坡	0.430	28	立陶宛	0.079
4	阿联酋	0.307	29	菲律宾	0.077
5	塔吉克斯坦	0.252	30	土耳其	0.076
6	马来西亚	0.247	31	希腊	0.070
7	匈牙利	0.220	32	老挝	0.066
8	捷克	0.192	33	印度	0.065
9	约旦	0.189	34	罗马尼亚	0.064
10	哈萨克斯坦	0.145	35	蒙古国	0.063
11	柬埔寨	0.122	36	巴基斯坦	0.062
12	斯洛伐克	0.120	37	科威特	0.062
13	斯洛文尼亚	0.116	38	格鲁吉亚	0.060
14	乌克兰	0.107	39	乌兹别克斯坦	0.059
15	埃及	0.107	40	孟加拉国	0.055
16	泰国	0.107	41	土库曼斯坦	0.052
17	以色列	0.106	42	阿尔巴尼亚	0.052
18	塞浦路斯	0.103	43	尼泊尔	0.050
19	沙特阿拉伯	0.101	44	白俄罗斯	0.040
20	黎巴嫩	0.101	45	卡塔尔	0.036
21	波兰	0.095	46	阿塞拜疆	0.025
22	爱沙尼亚	0.091	47	北马其顿	0.024
23	印度尼西亚	0.090	48	摩尔多瓦	0.021
24	俄罗斯	0.088	49	亚美尼亚	0.017
25	拉脱维亚	0.087	50	波黑	0.009

并与我国签订了自由贸易协定的国家占到 50%。类似地，将该比例进一步放到排名前 20 的国家中，进一步得到，"一带一路"沿线国家中是世界贸易组织成员的国家占到 95%，与我国签订了自由贸易协定的沿线国家占到 25%，同时是世界贸易组织成员并与我国签订了自由贸易协定的沿线国家占到 25%。

表 8 - 7 2006—2018 年（部分）"一带一路"沿线国家平均进口效率

排名	国家	平均效率	排名	国家	平均效率
1	马来西亚	0.828	26	白俄罗斯	0.038
2	越南	0.816	27	以色列	0.036
3	泰国	0.645	28	土耳其	0.033
4	菲律宾	0.641	29	吉尔吉斯斯坦	0.030
5	印度尼西亚	0.439	30	波兰	0.030
6	伊朗	0.380	31	孟加拉国	0.027
7	蒙古国	0.365	32	罗马尼亚	0.024
8	沙特阿拉伯	0.336	33	塔吉克斯坦	0.021
9	印度	0.323	34	约旦	0.019
10	俄罗斯	0.257	35	阿尔巴尼亚	0.018
11	新加坡	0.235	36	亚美尼亚	0.011
12	哈萨克斯坦	0.214	37	斯里兰卡	0.011
13	老挝	0.129	38	爱沙尼亚	0.011
14	乌克兰	0.106	39	斯洛文尼亚	0.009
15	乌兹别克斯坦	0.102	40	北马其顿	0.008
16	巴基斯坦	0.102	41	阿塞拜疆	0.008
17	科威特	0.100	42	希腊	0.005
18	土库曼斯坦	0.092	43	尼泊尔	0.005
19	阿联酋	0.073	44	格鲁吉亚	0.005
20	匈牙利	0.065	45	波黑	0.004
21	斯洛伐克	0.060	46	立陶宛	0.004
22	柬埔寨	0.045	47	拉脱维亚	0.004
23	捷克	0.039	48	摩尔多瓦	0.002
24	埃及	0.039	49	黎巴嫩	0.002
25	卡塔尔	0.038	50	塞浦路斯	0.002

从整体来看,"一带一路"沿线国家中属于世界贸易组织成员的占比为84%,与我国签订了自由贸易协定的占比为18%,同时是世界贸易组织成员并与我国签订自由贸易协定的国家占比为18%。绝大多数的"一带一路"沿线国家是世界贸易组织成员,与我国签订了自由贸易协定的国家在两国贸易往来中的效率水平处于更高水平。与此同时,由于在随机前沿贸易引力模型中,对应的效率项已经排除了经济规模、市场规模、实际距离等影响因素,而是将人为因素纳入该项中,因此,由残差项计算出的效率项并不能反映贸易国之间的经济规模、市场规模、实际距离等因素,这说明在加入世界贸易组织或签订自贸协定的基础上,我国与这类国家贸易时设置的风险阻碍因素较少,部分风险因素得到管理与控制。

从区域视角来看,通过表8-8我们可以发现,不同区域国家的贸易效率水平的区间范围明显不同,东盟区域国家不论是出口效率还是贸易效率水平都明显高于其他区域国家。一般而言,贸易效率越低的贸易伙伴国在未来的贸易合作空间更巨大,贸易潜力也就越高。

通过整理2006年至2018年我国与"一带一路"沿线国家各区域的贸易效率水平,发现我国与"一带一路"沿线国家的贸易出口效率总体上不断上升的趋势,即贸易非效率因素随着时间变化不断减少,这与回归结果中的 η 值均较为显著是一致的。具体地,总贸易效率由0.137上升至0.164,出口贸易效率由0.119上升至0.131,总贸易效率的增长比率快于出口贸易效率,这与我国的基本国情存在一定的关系,我国的出口贸易的发展早于进口贸易事业,相对更加成熟,效率也更高,因此,涵盖进口贸易数额的总贸易效率增长率会更高即未来发展存在更广的提升空间。

表 8-8　　　2006—2018 年"一带一路"沿线各区域平均贸易效率

区域	2006 年	2007 年	2008 年	2009 年	2010 年	2011 年	2012 年	2013 年	2014 年	2015 年	2016 年	2017 年	2018 年
中东欧	0.068	0.070	0.071	0.073	0.075	0.077	0.079	0.081	0.082	0.084	0.086	0.088	0.090
西亚北非等	0.131	0.133	0.136	0.138	0.141	0.144	0.146	0.149	0.151	0.154	0.157	0.159	0.162
东盟	0.311	0.314	0.316	0.319	0.322	0.325	0.327	0.330	0.333	0.336	0.338	0.341	0.344
独联体	0.056	0.058	0.059	0.061	0.062	0.064	0.066	0.067	0.069	0.071	0.072	0.074	0.076
南亚	0.059	0.060	0.062	0.064	0.065	0.067	0.069	0.071	0.072	0.074	0.076	0.078	0.080
中亚	0.216	0.218	0.221	0.223	0.226	0.228	0.231	0.234	0.236	0.239	0.241	0.244	0.247
东亚	0.118	0.120	0.123	0.125	0.128	0.131	0.133	0.136	0.138	0.141	0.144	0.147	0.149
整体	0.137	0.139	0.141	0.143	0.146	0.148	0.150	0.152	0.155	0.157	0.159	0.162	0.164

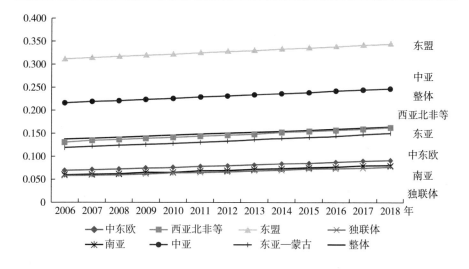

图 8-1　2006—2018 年"一带一路"沿线各区域平均贸易效率

以 2018 年为例,我国与"一带一路"沿线 7 个区域的出口贸易效率主要呈以下的特征:

(1) 我国与东盟、中亚地区国家的贸易效率较高。

2018 年中国对东盟主要国家的出口效率为 0.228,进口效率为 0.506,总体贸易效率水平为 0.344;中亚五国平均出口效率为 0.277,进口效率为 0.12,总贸易效率水平为 0.247。这说明中国与东盟、中西亚区域之间贸易的人为阻力相对较少，主要得益于中国—东盟自由贸易区的建立，双方存在共同语言，另外中国、俄罗斯与哈萨克斯坦、吉尔吉斯斯坦、塔吉克斯坦、乌兹别克斯坦四个中亚国家建立的上海合作组织在一定程度上减少了两国之间贸易的阻力。这两个区域的国家大多是发展中国家，在一定程度上反映了中国与发展中国家良好政治关系能够促进两国之间的贸易。

表8-9　　2006—2018年"一带一路"沿线各区域平均出口效率

区域	2006年	2007年	2008年	2009年	2010年	2011年	2012年	2013年	2014年	2015年	2016年	2017年	2018年
中东欧	0.088	0.089	0.090	0.091	0.092	0.093	0.094	0.095	0.096	0.097	0.098	0.099	0.100
西亚北非等	0.109	0.110	0.111	0.112	0.113	0.114	0.115	0.117	0.118	0.119	0.120	0.121	0.123
东盟	0.212	0.213	0.215	0.216	0.217	0.218	0.220	0.221	0.222	0.224	0.225	0.227	0.228
独联体	0.047	0.048	0.048	0.049	0.050	0.050	0.051	0.052	0.053	0.053	0.054	0.055	0.056
南亚	0.058	0.058	0.059	0.060	0.061	0.062	0.063	0.064	0.064	0.065	0.066	0.067	0.068
中亚	0.263	0.264	0.266	0.267	0.268	0.269	0.270	0.271	0.272	0.273	0.274	0.275	0.277
东亚	0.058	0.059	0.059	0.060	0.061	0.062	0.063	0.064	0.065	0.066	0.067	0.067	0.068
整体	0.119	0.120	0.121	0.122	0.123	0.124	0.125	0.126	0.127	0.128	0.129	0.130	0.131

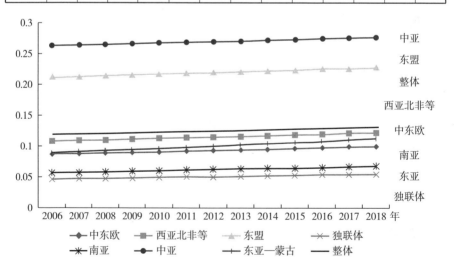

图8-2　2006—2018年"一带一路"沿线各区域平均出口效率

（2）我国与南亚、中东欧地区以及独联体等国家的贸易效率较低，存在提升空间。

2018 年我国与东欧地区国家出口效率为 0.100，进口效率为 0.033，总贸易效率为 0.09；对南亚出口效率平均为 0.068，进口效率为 0.115，总贸易效率平均为 0.08；独联体出口效率平均为 0.056，进口效率为 0.078，总贸易效率平均为 0.076。东南亚地区作为我国出口和贸易的重要地区，并且在 2014 年中国国家主席习近平先后在马尔代夫、斯里兰卡、印度、巴基斯坦等国进行访问，认为南亚各国是建立亚洲基础设施投资银行的重要合作伙伴，尤其印度虽是与我国有着密切贸易往来的国家，但不论是出口贸易效率还是双边贸易效率相对都处于较低水平，这说明我国在与"一带一路"沿线这些区域国家的进出口贸易中，受到贸易风险因素阻碍的可能性较大，也说明我国与这些国家进行贸易来往时远远未达到贸易潜力水平值，仍然有较大的发展空间。东欧地区和独联体国家与我国进行贸易往来时反映出不同的贸易效率水平，且一些国家之间的效率差距明显，例如，乌克兰、斯洛文尼亚、匈牙利等国家处于效率水平中上游部位，而摩尔多瓦、北马其顿、波黑等国家不论是出口还是双边贸易效率水平均排名靠后，出现这种现象的原因可能是：一方面，这部分效率水平较高的国家与中国之间的距离较为接近，这也验证了贸易国家之间的实际距离确实对国家之间的贸易往来有着实际的影响；另一方面也表明这些国家设置的贸易阻碍较少，能够更好地推动贸易的发展交流。总体而言，从出口效率来看，我国与沿线各区域的出口潜力还没有得到较大的发挥，未来的贸易发展与合作仍具有较大的潜力。

表 8 - 10　　2006—2018 年"一带一路"沿线各区域平均进口效率

区域	2006 年	2007 年	2008 年	2009 年	2010 年	2011 年	2012 年	2013 年	2014 年	2015 年	2016 年	2017 年	2018 年
中东欧	0.013	0.014	0.015	0.016	0.018	0.019	0.021	0.022	0.024	0.026	0.028	0.030	0.033
西亚北非等	0.076	0.079	0.082	0.085	0.089	0.092	0.096	0.099	0.103	0.107	0.111	0.115	0.119
东盟	0.439	0.444	0.450	0.455	0.461	0.467	0.472	0.478	0.483	0.489	0.495	0.500	0.506
独联体	0.046	0.048	0.050	0.053	0.055	0.058	0.061	0.063	0.066	0.069	0.072	0.075	0.078
南亚	0.074	0.077	0.080	0.083	0.086	0.090	0.093	0.096	0.100	0.104	0.108	0.111	0.115
中亚	0.067	0.071	0.075	0.078	0.082	0.087	0.091	0.095	0.100	0.105	0.110	0.115	0.120
东亚	0.315	0.323	0.331	0.340	0.348	0.356	0.365	0.373	0.381	0.390	0.398	0.406	0.415
整体	0.147	0.151	0.155	0.159	0.163	0.167	0.171	0.175	0.180	0.184	0.189	0.193	0.198

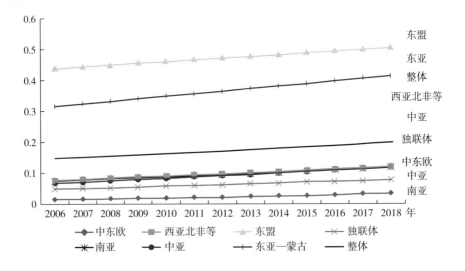

图 8 - 3　2006—2018 年"一带一路"沿线各区域平均进口效率

8.2.3.4　贸易潜力与贸易风险因素分析

在分析影响我国与"一带一路"沿线国家贸易效率和贸易风险因素的过程中发现，我国与大部分沿线国家之间的出口和双边贸易总额都远未能达到最大潜力，贸易非效率是造成实际贸易水平与贸易潜力二者差距的主要原因，那么影响贸易效率，或者造成贸易非效率的贸易风险因素又有哪些呢？为进一步挖掘中国与中东欧国家之间的贸易潜力，本书通过贸易非效率模型进一步分析贸易非效率的影响因素。

此外,从表 8 - 4 回归结果可以看出,γ 的估计值明显偏高,说明非效率项是造成实际贸易量与前沿贸易量差距的主要原因,需要构建贸易非效率模型进一步分析(见表 8 - 11)。

表 8 - 11 贸易非效率模型估计结果

影响因素	出口	进口	商品贸易总额
政府效率	- 0.0987* (1.843)	- 0.160*** (2.626)	- 0.167*** (3.65)
腐败控制	- 0.106* (- 1.813)	- 0.159*** (- 2.711)	- 0.203*** (3.30)
贸易自由度	- 0.00504*** (3.308)	- 0.00564*** (3.136)	- 0.027*** (- 3.79)
投资自由度	0.00288** (- 2.469)	0.00427*** (- 3.427)	0.0023*** (- 3.79)
金融自由度	0.00368** (2.547)	0.00594*** (3.723)	0.011*** (1.63)
自由贸易协定	- 0.405*** (- 13.82)	- 0.484*** (- 14.82)	- 0.71*** (3.39)
"一带一路" 倡议生效年份	- 0.0587 (- 0.409)	0.167 (1.218)	- 0.055 (- 0.29)
常数项	67.94*** (2.640)	29.03*** (42.71)	38.33*** (24.61)
观察值	645	645	645

注: * * * 、* * 、* 分别表示 1% 、5% 和 10% 的显著性水平,括号内为 t 值。

实证结果表明:

(1)我国是否与沿线国家签订有效的自由贸易区协议 fta 变量估计值为负,且在出口模型和双边总贸易模型中通过 1% 的显著性检验。这说明自贸协定的签订能显著改善贸易非效率的现象,主要原因在于协定中涉及各种关税协议和便利措施在一定程度上能够抵消贸易非效率的影响，从而对我国与"一带一路"沿线国家的双边贸易起到显著的促进作用。因此在参与"一带一路"建设的过程中我国应加快推进与沿线各国及自贸区的谈判，以促进与沿线国家的贸易往来。

（2）反映"一带一路"倡议实施前后变化的变量 BR 在出口和总贸易效率回归结果中系数一正一负，且不显著，与预期的"一带一路"倡议实施后会阻碍贸易的非效率水平即提升贸易效率不相符。出现这种情况原因可能在于：首先，我国国务院授权发表的关于"一带一路"的政策声明是在 2015 年 3 月，倡议推动实施至文章选取的时间节点只有短短三年时间，而"一带一路"倡议面向全球，从提出到方案设计再到实施以及最后的反馈是一个循序渐进、缓慢推进的长期过程，无法一蹴而就；其次，方案政策的实施在时间上存在滞后性，无法及时地体现在贸易效率的变化上，因而即使在当时积极主动地采取了相关政策，也不大可能立刻就反应到指标上。

（3）贸易自由度指数 TF 估计值为负，且在出口模型和双边总贸易模型中通过 1% 的显著性检验。这表明，关税和非关税壁垒对我国与"一带一路"沿线国家的出口及双边贸易效率有显著的负向影响，即贸易壁垒越高，对应的贸易效率就会越低。各国贸易环境开放程度的不同，也会增加跨国贸易的交流成本和交易成本，应相应地降低贸易效率和贸易流量。相同贸易环境的国家一般具有更多的理解基础，更易展开合作。政府放开对贸易的管制，为贸易发展打造良好的环境，为我国与沿线国家的贸易水平提升有促进作用。

（4）投资自由度指数 IF 估计值为正且非常小，通过 1% 的显著性检验，并没有对贸易产生促进效应，这与预期贸易非效率产生负向影响不符。出现这种情况的原因可能在于：本书选取的研究对象在 2016 年经济自由度指数总体排名中，除了新加坡和马来西亚排名靠前，其他国家排名都不太理想。这也说明"一带一路"沿线国家的经济自由度还有很大的提升空间，中国与这些伙伴国的农产品贸易潜力有待进一步挖掘。

（5）金融自由度指数 FF 估计值为正且非常小，通过1%的显著性检验，意味着银行效率越高、金融行业独立性越强，反而越不利于双边贸易，这与预期呈现负相关的关系不符。出现这种现象的原因可能在于，金融自由度越高的国家越容易受到国际经济、政治环境的影响，国家发展越容易发生波动。本书讨论的是在2006—2018年，我国与"一带一路"沿线国家的效率水平，这期间涵盖了国际金融危机和欧债危机，尽管在数据处理时剔除了通货膨胀因素，但对于一些金融自由度高的国家而言，金融稳定性更易遭到破坏、遭受更大的冲击，对贸易产生不利影响。

（6）政府效率 GE 的估计值为负，且在出口模型和双边总贸易模型中均通过1%的显著性检验。这表明越高效的政府效率水平，在应对突如其来的贸易风险时，越能及时准确地处理好矛盾，有助于降低贸易风险成本，越能促进双边的贸易效率。

（7）法律制度和腐败控制 RL 的估计值为负，且在出口模型和双边总贸易模型中均通过1%的显著性检验。这表明沿线国家政府的治理能力越强、制度环境越好越是有利于跨国界的贸易往来，相似的制度环境对贸易环境转变引起的风险变化变得可控易管理。因此，从贸易伙伴国政府效率、法律制度和腐败控制的风险因素入手，会对我国与"一带一路"沿线国家贸易效率的提高有明显的作用。贸易非效率一步法模型说明，签订自由贸易协定、贸易伙伴国的政府效率、法律制度和腐败控制是促进我国与贸易伙伴国之间持续贸易的重要因素，同时贸易自由度、投资自由度以及金融自由度等经济自由度指数的提高，有利于降低贸易风险，消除贸易壁垒促进双边贸易活动的长远发展。

8.3 结论与对策建议

8.3.1 基本结论

本书选取 2006—2018 年中国与中东欧国家相关变量数据，采用随机前沿引力模型测度我国与"一带一路"沿线 50 个国家的出口效率和总双边贸易效率，分析了主要贸易风险因素对贸易效率的影响程度，提出了实现贸易效率提高的现实路径和技术方法。研究结果分为两部分：时变随机前沿引力模型和贸易非效率模型。

时变随机前沿引力模型结果表明：

（1）在贸易引力模型中引入随机前沿模型是可行的，并且对比与时不变随机前沿模型，时变随机前沿模型能够更好地解释本书所建立的模型。

（2）我国和贸易伙伴国的 GDP 水平与出口、双边贸易总额呈显著正相关，而我国人口数量和贸易伙伴的人口数量对出口和贸易总额的影响有所不同，我国人口总量的增加会使得出口和贸易总额减少，呈显著的负向作用，而贸易伙伴国人口总量的增加则会促进两国的贸易，呈显著的正向作用。

（3）我国和贸易伙伴国之间的距离是阻碍两国贸易的重要因素，距离越远，面临的交通运输成本越高，不确定风险因素也越多，不利于两国的贸易往来。与 Armstong（2007）得到的结论基本类似，说明中国与沿线国家贸易的好坏会受到经济状况、市场规模和地理距离的影响。

（4）对于贸易国是否为内陆国、是否有共同语言对出口和双边贸易总额产生的影响有待讨论。内陆国在一定程度上会增加陆地运输成本，不利于贸易的发展，但是海运的便利性，可能会减少运输成本，带动贸易的频繁发展。英语、法语、德语等国际化语言的广泛传播，一定程度上削弱了语言对出口和贸易总额的推动作用。

贸易非效率模型结果表明：

（1）"一带一路"倡议实施前后对贸易非效率项影响为正但不显著，这表明 2015 年正式发布推进的"一带一路"倡议对中国与沿线国家间贸易的促进作用还没有完全显现，各国在未来的合作中存在较大的贸易效率提升空间。

（2）自由贸易协定的签订、政府效率、法律制度和腐败控制、贸易伙伴国的贸易自由是促进我国与"一带一路"沿线国家贸易的重要因素，另外，"一带一路"沿线国家的投资自由度和金融自由度是影响我国与之贸易的重要因素之一。

（3）对我国与"一带一路"沿线国家的贸易潜力产生影响的风险主要源于政府效率、法律制度和腐败控制、自由贸易协定的签订与否、贸易自由度、投资自由度等因素。其中，政府效率对贸易潜力的影响程度最大，说明沿线国家的政治稳定性的高低是决定贸易顺利开展的关键性因素；自由贸易协定的签订与法律制度对贸易潜力的影响程度；贸易自由度、投资自由度、金融自由度等因素对中国与沿线国家贸易潜力及效率的影响程度相对较小。当然，在实践中，应综合考虑这些指标具体对应的国家和地区，实现对沿线国家贸易进出口风险的全面防控。

8.3.2　对策与建议

8.3.2.1　国家与企业

根据实证结果分析，贸易风险和贸易潜力对我国与"一带一路"

沿线国家的贸易往来产生重大影响，主要表现在贸易效率并不高，尚有巨大的潜力有待挖掘，贸易非效率是影响贸易效率的主要因素。要进一步挖掘我国与"一带一路"沿线国家贸易效率，限制贸易风险因素负面作用的同时，实现双方贸易潜力发挥最大化，因此，从国家和企业角度分别提出以下几点政策建议。

（1）国家层面。首先，建立健全风险评估监测机制。我国与"一带一路"沿线国家贸易往来的过程中，政府效率、法律制度、贸易自由度与投资自由度等宏观层面的风险时常发生，面对错综复杂的国际贸易市场环境，企业有时无法做到准确地识别、评估与本国有效地将风险转移或规避，需要依靠政府的力量，如可供参考的风险评估报告、动态风险监测、显著性的风险预警提示等，为进出口企业在选取贸易伙伴和筛选贸易条件时指明方向。其次，搭建更多层次的经济贸易合作平台。经济贸易合作平台搭建对提升我国与"一带一路"参与国的贸易广度与深度起着至关重要的作用。具体来说，政府相关管理部门为企业对外投资、贸易要提供更多政策支撑框架，为全面深入合作签订务实合作协议：如政府间合作协议，或引导国内自由贸易港、园区与沿线国对应机构建立合作协定，或其他行业、民间沟通交流方式；定期举办经济贸易论坛、学术文化交流会、贸易洽谈会等；还可以设立经济贸易合作代表处并制定相关战略合作计划等多种渠道，实现定期和不定期交流，为企业的贸易发展提供多种便利。再次，完善基础设施建设，恢复、落实互联互通。基础设施建设是实现贸易潜力发挥的基础保障，是提升贸易效率的基础性的硬件。"一带一路"沿线国家的大多属于发展中国家和新兴经济体，经济发展水平较低，基础设施较落后但经济增长速度较快，未来贸易潜力不容忽视。应尽量排除各种风险因素，坚持铁路、公路、管道、航空等多渠道的物流基础设施；加强与沿线港口口岸的合作机制，减少疫情对物流的影响，促使贸易成本和贸易风险下降；畅通贸易渠道多样性，保持贸易活动高效推进。还可以进一步对参与国家有选择性地进行技术援助，为贸易伙伴国缓解技术或资金压力的同时实现高成本和高附加值的贸易出口，扩大贸易出口含金量。最后，搭建融资平台，创新金融合作。"一带一路"沿线国家的经济发展和社会进步程度较低，基础设施建设面临大规模的资金短缺问题，我国应积极与沿线国家制定金融合作协议，给予相应的优惠政策，扩大人民币影响和使用，创新金融服务，推进国际金融机构间的贸易合作往来。

（2）企业层面。一是设立专门的风险管控部门，提升风险管理能力。在进行跨国投资、贸易活动时，风控部门必须对贸易项目展开全面的风险识别和评估，形成以风控部门为核心的风险管理体系和投资、贸易必经环节。与此同时，企业在选择贸易、投资对象时尽量先看对方国家的风险评级、企业信誉、资金实力等，并注重资信调查，将贸易双方可能存在的信息不对称降到最低；企业也应观察国内外宏观经济形势，调整自身经营策略。二是选择合理的贸易结算方式。常见的贸易结算方式是托收、汇付和信用证三种，不同的结算方式引发的风险影响程度不同，风险影响程度由低到高分别是信用证、托收和汇付，需要根据不同情况采用不同的结算方式。首次合作的贸易双方尽量采用信用证，而对于多次合作的贸易双方基于扎实的信任和了解，可以采用托收和汇付，更为快捷。当然也可以将结算方式两两组合或三种组合，组合性的结算方式降低了结算风险，在提升贸易安全性的同时也提升了市场竞争力。三是更多地寻求保险工具，实现风险转移。当企业无法识别贸易过程中可能存在的风险或无法判断风险可能带来的损失程度时，有效的方法是寻求保险公司及其产品，不论是运输、结算还是其他责任风险等，都能从保险公司获得一定的经济赔偿，降低经济损失，保障利益最大化。

8.3.2.2 实现贸易潜力的现实途径探讨

通过应用时变随机前沿模型测度分析中国贸易潜力与贸易效率，研究发现，随着时间推移，我国与"一带一路"沿线国家间的贸易效率在逐步的上升，这表明在两国贸易往来时面临的贸易风险因素不断减小，贸易往来更加频繁；但大部分国家的贸易效率值仍然很低，如波黑、北马其顿、卡塔尔等，这表明我国与这些国家之间的贸易受到一些风险因素的阻碍如关税、非关税壁垒等，贸易效率仍有较大的提升空间。

第一，坚持开展多边贸易合作，打破贸易壁垒。

自由贸易协定的签订与否和贸易自由度是影响我国与"一带一路"沿线国家贸易潜力的重要因素。开展多边贸易合作不仅有利于打破贸易壁垒、减少贸易成本，为贸易活动清扫障碍，优化了双边贸易条件，为提高双边贸易便利化水平及贸易创造效果奠定基础，还增进了我国与沿线国家间的了解与信任，提升我国在国际经济贸易领域的地位。

当前，全球贸易低迷，市场需求与供给显著不匹配，疫情影响叠加贸易保护主义、逆全球化"风口"，关税和非关税壁垒无形中阻碍了贸易潜力的提升。我国需要坚持利用自身的市场优势，积极主动地与沿线国家联系，寻求共同利益的连接点，通过开展多边贸易合作、自贸区建设、经济贸易论坛、政策沟通等多种渠道，共同应对国际贸易领域的不利变化，降低预期风险和贸易成本、提升国际竞争力和抗风险能力，避免出现恶性竞争的情况，实现资源要素的最优配置，有序地启动我国与沿线贸易国家间的贸易合作谈判。

第二，健全我国对贸易伙伴国的动态风险观测体系。

"一带一路"沿线国家的国情各不相同，政治经济文化和社会生活都存在一定的矛盾。在进行贸易往来时，应该对贸易伙伴国可能存在的风险的种类、风险发生的概率以及对风险的可承受度进行识别分析；对于伙伴国一些时段可能出现的某一或多个关键性风险事件，需要加强从日常动态数据、事件观察中，预测评估风险变化；应当建立更多的官方和民间风险评估、预测机构，收集包括互联网在内的各种渠道信息、数据，如沿线国家的法律法规存在显著的差异性，并能及时准确地识别它们对不同类型贸易的影响；还有某些资源国市场及其周边环境变化对我国企业外贸进口的可能影响，等等。具体来讲，首先需要健全风险评估机制，尽可能纳入更多的"一带一路"参与国家，与我国贸易往来不够密切的参与国并未纳入我国风险评估体系，导致贸易相关信息不全或者缺失，对贸易数量和质量产生不利影响；同时伴随着经济全球化趋势的加强，周边国家面临的风险因素会通过各种机制传导，导致风险扩散，贸易国家的经济政治受到波及。

第三，完善建立贸易风险一手数据库，健全风险预警服务。

现阶段，我国对外投资、贸易风险评估通常借鉴国际知名风险评级机构和商业评级资料及方法，如参考《欧洲货币》《机构投资者》以及标准普尔、穆迪等，在此基础上运用定性和定量的方法获得风险值。但这些风险评估方法的立足点都不相同，要在这些风险评估的方法上建立有中国特色的风险类指标，必须建立一手数据库，通过各渠道、外派工作人员等，建立自己的数据收集系统，提高数据的可信度与时效性，保证风险数据在传递时的准确性。同时也参考借鉴国际数据，只有这样才能保证风险评价方法和指标的客观真实性和科学性。

应对企业更好地提供风险预警服务，建立风险分级预警、动态跟踪报告等。密切关注"一带一路"贸易伙伴国的基本信息和国家政治经济、社会文化以及与我国的进出口贸易等相关风险因素变化信息，及时掌握贸易动态进程，充分发挥行业协会在信息收集与制度标准分析的作用。在此基础上，加快建立风险分级的预警机制，在关键性风险影响转变的节点设置提醒，为企业提供更全面的风险动态和产业类风险资讯，为企业寻求优质的贸易对象、筛选出有力的贸易条件，具体可以将风险等级划为低、中低、中、中高、高五层次（见表8－12）。

表8－12　　　　　　　　　　　风险预警节点

风险指数	0～2	2～4	4～6	6～8	8～10
风险等级	低	中低	中	中高	高
风险预警	无	无	橙色预警	黄色预警	红色预警

中低风险表明风险存在，但风险较小，属于企业的可承受范围内，因而无需预警；中高风险则表明风险发生的概率较大，可能带来较大的利益损失，对正在推进的贸易活动需要采取削减贸易量、更换贸易伙伴国家等多种防范措施，对即将与达到该风险等级的国家贸易的企业集团发出预警；高风险则表明风险发生概率机会大，且风险一旦发生，企业可能会出现无法承担后果的现象，此时需要告知企业终止进行贸易活动，避免更大程度的损失。同时可以与"一带一路"沿线国家形成区域经济预警机制、金融安全网等重要基础设施构建上的联盟，促进共同的经济安全和经济繁荣。

第四，加强保险应对机制。

由于"一带一路"沿线国家各国国情存在较大差异性，企业作为贸易的主体无法准确地识别潜在市场的风险与机遇，贸易往来时存在语言不通、政策不清等问题，影响相互间贸易交流与互动。因此，为进一步提高我国与"一带一路"沿线国家间的贸易效率。对外投资、贸易面临一些非自然概率事件风险，政府应进一步加大对政策性保险的扶持力度，提高保险业充分发挥风险管理职能的积极性，引导企业积极参保，实现企业风险的合理转移，充分发挥保险业对经济社会的保驾护航作用。

第 9 章
全球新冠肺炎疫情影响下的
"一带一路"投资、贸易风险评估

2020 年初爆发的新冠肺炎疫情是继 2003 年非典、2009 年 H1N1 禽流感、2014 年中东呼吸综合症、2014 年埃博拉疫情、2016 年塞卡疫情后的又一重大全球性疫情，但此轮疫情全球爆发无论从感染率、传播速度、病死人数还是对经济社会发展的影响均远超上述这些传染病。

据美国约翰斯·霍普金斯大学发布的实时统计数据，截至北京时间 2020 年 4 月 30 日，全球累计确诊新冠肺炎病例 3187919 例，累计死亡 226771 例，其中美国死亡人数和确诊病例位居全球第一，美国累计确诊 1036652 例，死亡 60475 例。中国虽然通过强有力的措施初步控制了疫情，但疫情在全球传播仍未结束，世界经济持续下滑，对"一带一路"投资、贸易的影响是无疑的。怎样降低损失，尽快恢复"一带一路"正常投资、贸易活动在当前异常复杂的国际形势下，需要动态观察、评估"一带一路"投资、贸易的风险，进一步探索风险管理对策，以期稳步推进"一带一路"建设。

9.1 疫情导致全球经济衰退

受新冠肺炎疫情的影响，2020 年全球经济将急剧收缩。国际货币基金组织（IMF）预计全球经济总量将萎缩 3%，经济学人智库（EIU）预计全球经济总量将萎缩 2.5%，与此同时，全球各主要经济体也将面临着不同程度的经济下滑。IMF 总裁格奥尔基耶娃表示新冠肺炎疫情将引发 20 世纪 30 年代大萧条以来最严重的经济衰退。此外，IMF 预计世界贸易总量（货物和服务）将下降 11%，联合国贸易和发展会议（UNCTD）预计全球范围内的外国直接投资下降约 40%，这一数据预示着全球生产网络和供应链将遭受重创。

表 9-1　　新冠肺炎疫情将严重危及世界经济增长（实际 GDP）　单位：%

项目		2019	2020	2021
世界产出		2.9	-3.0	5.8
发达经济体		1.7	-6.1	4.5
美国		2.3	-5.9	4.7
欧元区		1.2	-7.5	4.7
日本		0.7	-5.2	3.0
英国		1.4	-6.5	4.0
新兴市场和发展中经济体		3.7	-1.0	6.6
亚洲新兴市场和发展中经济体		5.5	1.0	8.5
印度		4.2	1.9	7.4
东盟五国		4.8	-0.6	7.8
欧洲新兴市场和发展中经济体		2.1	-5.2	4.2
俄罗斯		1.3	-5.5	3.5
中东和中亚		1.2	-2.8	4.0
沙特阿拉伯		0.3	-2.3	2.9
世界贸易量（货物和服务）		0.9	-11.0	8.4
进口	发达经济体	1.5	-11.5	7.5
	新兴市场和发展中经济体	-0.8	-8.2	9.1
出口	发达经济体	1.2	-12.8	7.4
	新兴市场和发展中经济体	0.8	-9.6	11.0

资料来源：国际货币基金组织在 2020 年 4 月发布的《世界经济展望》。

新冠肺炎疫情给进出口贸易带来的冲击，在目前海关总署公布的数据中可见一斑。2010 年 1—2 月，中国的对外贸易出现明显下跌，以美元计，进出口总额同比下跌 11%，出口跌幅达 17.2%。令人欣慰的是，中国与"一带一路"沿线国家的贸易总额却逆势增长 0.4%，在中国对外贸易总额的占比达 31.7%，超过 2019 年同期 3.6 个百分点，成为疫情下对外贸易难得的亮点。

从地域覆盖规模及经济效应角度衡量，中国提出的"一带一路"倡议的影响力已远超预期。尽管新冠肺炎疫情正影响全球的经济态势，但贸易往来并未中断，这其中也包括"一带一路"倡议所发挥的作用。

9.2　"一带一路"投资、贸易面临非传统风险挑战

风险与现代化是相伴相生的。正如塞缪尔·亨廷顿在《变化社会中的政治秩序》中提到："现代化孕育着稳定，而现代化的实现过程中却滋生着动乱"。随着现代社会的各类文明成果与财富积聚、新技术革命、网络、交通迅捷化、生物科技等在改变我们的生产、生活形态、发展方式同时也伴随着潜在风险。"一带一路"建设是中国引领世界发展中国家为主的为实现现代化的合作实践和创新，在现代化和全球化背景下，"一带一路"投资、贸易面临的非传统风险日益突出。

对于"非传统风险"目前虽尚无统一定义，但借助相近概念，"非传统安全问题"，对它的界定为"是'传统安全问题'之外所有安全问题的总称"①，由此，我们至少可理解为"非传统风险"是相对传统风险而言的。从已有的学术研究来看，多数观点认为非传统风险不包括传

---

① Swanstrom N. Traditional and Non - traditional Security Threats in Central Asia: Connecting the New and the Old [J]. China and Eurasia Forum Quarterly. 2010. 8 (2): 36.

统的政治军事风险。就其特征来看，非传统风险超越了国内及国际领域的界限，其联动性（跨国性）是其特征的重要方面（李开盛等，2012）。其构成因素是不断变化的，具有不确定性与转化性，并且往往关系到整个地区或整个人类福祉，具有整体性。此外，就其表现形式来看，非传统风险范围较为广泛，包括单边主义、"逆全球化"倾向加剧、全球产业链失衡以及其他非传统风险。

非传统风险主要涵盖以下三个类型（见表 9 - 2）。

1. 新型风险。人们在享受科技革命带来的成果同时，也在面临它所带来的"副产品"。随着网络技术日新月异的发展及其在城市生活各领域应用范围和应用深度的不断拓展，这些技术被越来越广泛地应用到社会各个行业和各个层面中。在给城市生活带来便利的同时，城市也因此面临着前所未有的风险。例如，COVID - 19，电脑病毒、黑客攻击，网络金融犯罪等网络安全风险、智能医疗和无人驾驶等人工智能带来的事故风险，等等。

2. 软性风险。相对于造成设施破坏和人员伤亡的自然灾害、工程建设、交通运输等传统硬性风险，像"逆全球化"使原本建立的国际规则、秩序被破坏，金融市场频繁异常波动，如股市、期市崩盘等因素，虽在短时间内不会像硬性事故造成毁损伤亡的情形，但往往在经济发展和社会稳定各方面带来"看不见"的连锁性和系统性负面影响。如贸易战、市场崩盘，导致世界经济下滑、投资贸易主体惨遭损失，企业倒闭、居民失业，乃至金融系统崩溃，国家政体动荡。

3. 派生风险。派生风险是指传统风险在嵌入了现代化因素后衍生出来的风险，也可以称为传统风险在新时代下的更新。例如，由于建筑中大量包含电器、保温之类的助燃材料，使火灾发生概率提高、损失加重；由于人口流动加快、交通便利程度的提高和城市化等现代化过程，促使或加重突发公共卫生事件和难民等传统风险危险性增加，导致这些在人类历史中存在已久的风险 "更新" 和扩大。

表 9-2　　　　　　　　　　　非传统风险典型分类表现

类型	类别	表现
新型风险	网络安全	网络攻击、网络金融犯罪和网络知识产权侵权等
软性风险	法规和市场环境风险	国际法规、商贸规则被破坏、逆全球化等
	市场崩盘	股票市场崩盘、汇率市场崩盘、房地产市场崩盘等
	资源枯竭/能源短缺	矿产、水等自然资源，石油、电力或其他再生能源危机
派生风险	突发重大公共卫生事件	人口流动速度加快和人口聚集等公共卫生事件危险加大
	难民风险	气候恶化和交通便利化等促使难民群体扩大化

除了所有风险共同具有的客观性、普遍性、偶然性、必然性和可变性等特性之外，非传统风险还具有如下几个特征。

第一，长期性。与气象灾害、交通事故和意外伤害等传统城市风险相比，如资源枯竭风险、能源短缺风险和市场崩盘风险等非传统风险的形成过程和影响过程往往周期更长。能源危机在 20 世纪就已经引起各国的重视，该问题在当下仍是全球共同关注的重大风险之一，且未来很长一段时间内还会与人类社会的发展息息相关。

第二，发展阶段差异性。非传统风险由于其显著的现代化特征，其具体表现形式与国家地区的发展水平相联系，即正在面临或将要面临的非传统风险挑战与经济社会发展程度相对应。例如，网络安全事件对北美和欧洲发达城市的负面影响会远远超过其对科技和经济欠发达的大部分非洲城市。

第三，关联性。传统风险和非传统风险之间存在着渗透性，各类非传统风险之间又存在着叠加性，它们之间的相互关联产生了峰值叠加和共振效应，使风险的影响范围进一步深化和扩大。例如，自然灾害助推新型疫情的爆发、网络发展使金融违法活动出现新的形式等。

第四，复杂性。上述关联性实际上是非传统风险复杂性的表现，除此之外，由于非传统风险形成于庞大而复杂的系统中且其风险成因具有现代因素，因此，大部分非传统风险较传统风险更加复杂，且在其漫长的形成过程往往具隐蔽性而难以识别，加之缺少完善统一的预警措施，非传统风险在集中爆发之前易被忽视，而在爆发初期也难以及时应对。

结合当前情况看，美国特朗普政府在国际贸易问题上采取的贸易保护主义直至经济霸凌是一种典型的单边主义行为。有学者将这种具有"逆全球化"倾向的行为其称为"经济单边主义"或"进攻性单边主义"等。具体来看，经济单边主义与"逆全球化"行为的表现形式主要包括大幅提高关税和投资门槛、设置贸易壁垒等贸易保护主义措施；频频退出和消极抵制既有的多边国际机制；启动贸易调查，单方面挑起贸易摩擦，企图攫取不当得利。

经济单边主义、经济霸凌与新冠肺炎疫情对国际经济政治格局与治理体系产生深远的影响。具体来说，首先，抑制世界经济增长，引发全球贸易保护潮。Lohman（2017）认为贸易保护主义带给经济的提振是短暂的，长期来看，其损害了包括贸易争端发起国在内全球民众的福祉。其次，降低世界贸易投资的自由便利化水平破坏全球供应链、产业链和国际竞争的平衡，还将改变全球资源的分配方式，抑制全球经济增长。再次，加速既有多边贸易机制的失效，"重构"国际经济秩序。"退群毁约"与"逆全球化"行径严重削弱了既有多边贸易机制和国际法的权威性和制约性。最后，激化地缘政治格局，加速全球营商环境恶化。Gray 等（2011）指出通过以牺牲他人为代价而获得的安全是不稳定的安全，通过使用武力和威胁使用武力而维持的安全也是不稳定的安全。在非传统风险盛行于全球化不可逆转的背景下，应当旗帜鲜明地反对经济单边主义，维护和完善现有体制机制下的多边主义，倡导通过协商对话的方式解决贸易争端，以人类命运共同体为目标，进一步增进全人类的福祉。

9.3　全球治理体系变局下的"一带一路"投资、贸易国别风险测评

地缘政治学者认为世界是一个相互联系的整体，抛开具有世界或者地区范围影响力的国家探讨某国地缘政治影响力无法深入刻画其在世界范围内的地位。因此在本部分中，笔者试图将"一带一路"沿线国家以外的各主要经济体纳入考察范围，深入剖析部分沿线国家在本区域内及世界范围内的影响力。

9.3.1　指标选取

借鉴西方智库（Henry Jackson Society 等）主流地缘政治影响力测评方式，选取地域一体化、人口状况、经济影响力、科技实力、外交影响力、军事实力以及文化软实力七个维度来衡量国家的地缘政治影响力。

1. 地域一体化 k_1

按照地缘政治学学者的观点，一个国家地域一体化主要包含三个维度即政府凝聚力、地域广度以及交通基础设施，此三者构成一个国家综合实力的基础。在我们的研究中，政府凝聚力选取稳定性、行政效率、法治环境以及腐败控制；地域广度包括陆地面积以及专属经济区；交通基础设施包括公路以及航班起落架次。

表 9 – 3 地域一体化指标说明

一级指标 j	二级指标 i	数据来源	年份
政府凝聚力	稳定性（得分）	世界银行	2018
	行政效率（得分）	世界银行	2018
	法制环境（得分）	世界银行	2018
	腐败控制（得分）	世界银行	2018
地域广度	陆地面积（平方千米）	CIA World Factbook	2018
	专属经济区（平方千米）	Sea Around Us Marine Plan	2018
交通基础设施	公路（每平方千米）	CIA World Factbook	2018
	航空运输（每年起落架次）	世界银行	2018

2. 人口状况 k_2

人口状况反映了国家人力资源状况，选取人口规模、人口年龄中位数以及人均预期寿命三个指标。

表 9 – 4 人口状况指标说明

一级指标 j	二级指标 i	数据来源	年份
人口规模	人口（总数）	世界银行	2018
人口平衡	年龄中位数（岁）	CIA World Factbook	2018
有效寿命	人均预期寿命（岁）	世卫组织	2018

3. 经济影响力 k_3

经济影响力选取名义 GDP、营商环境、福布斯世界 2000 强企业数量、商品和服务出口规模以及对外直接投资存量等指标。

表 9 – 5 经济影响力指标说明

一级指标 j	二级指标 i	数据来源	年份
经济产量	名义 GDP（美元）	世界银行	2018
商业环境	营商环境（得分）	世界银行	2018
公司规模	福布斯世界 2000 强企业（总数）	Forbes	2017
经济结构	商品和服务出口（美元）	世界银行	2018
	对外直接投资存量（美元）	UN World Investment Report	2018

4. 科技实力 k_4

科技实力选取基础教育、研发支出以及创新能力等指标。

表 9 – 6 科技实力指标说明

一级指标 j	二级指标 i	数据来源	年份
教育基础	教育指数（得分）	联合国教科文组织	2018
研发支出	研发支出（美元）	联合国教科文组织统计研究所	2018
创新能力	申请专利数量（总数）	世界知识产权组织	2018

5. 外交实力 k_5

外交实力选取驻外使团总数以及参与政府间组织总数等指标。

表 9 – 7 外交实力指标说明

一级指标 j	二级指标 i	数据来源	年份
外交参与	外交使团（总数）	国家外交部门	2017
外交渗透	参与政府间组织（总数）	国际组织年鉴	2016

6. 军事实力 k_6

军事实力选取军费开支、现役军人数量以及武器出口等指标。

表 9 – 8 军事实力指标说明

一级指标 j	二级指标 i	数据来源	年份
军费	军费开支（美元）	世界银行	2018
军人	现役军人数量（总数）	世界银行	2017
武器	武器出口（美元）	世界银行	2018

7. 文化软实力 k_7

文化软实力选取研究机构与智库总数、境外游客总数以及留学生等数据。

表9-9　　　　　　　　　文化软实力指标说明

一级指标 j	二级指标 i	数据来源	年份
话语能力	研究机构与智库（总数）	美国宾夕法尼亚大学智库研究中心	2016
国家吸引力	境外游客（总数）	世界银行	2018
教育吸引力	海外高等教育机构留学生	联合国教科文组织	2017

9.3.2　测算方法

地缘政治影响力的测算（所有处理采用等权重方式）：

c 为国家，$x_{kji}(c)$ 为某国（c）某一地缘政治影响力（k）的一级指标（j）下的二级指标（i），$CI_{kj}(c)$ 为某国（c）某一地缘政治影响力（k）的一级指标（j），$S_k(c)$ 为某国（c）某一地缘政治影响力（k）得分，$k = 1, \cdots, 7$。

每一个二级指标 $x_{kji}(c)$ 可能是实际值、指数或评分等，其度量单位大部分不一致，需要进行无量纲化处理，即某国二级指标除以表现最好的某国数据：

$$x_{kji}^{*}(c) = \frac{x_{kji}(c)}{\max\limits_{c} x_{kji}(c)} \times 100 \tag{9.1}$$

进而二级指标为

$$CI_{kj}(c) = \sum_{i=1}^{n_{kj}} x_{kji}^{*}(c) \tag{9.2}$$

在此基础上，对二级指标再次进行无量纲化处理：

$$CI_{kj}^{*}(c) = \frac{CI_{kj}(c)}{\max\limits_{c} CI_{kj}(c)} \times 100 \tag{9.3}$$

进而某一国家某一地缘政治影响力可以计算为

$$S_k(c) = \sum_{i=1}^{n_{kj}} CI_{kj}^{*}(c) \tag{9.4}$$

再次进行无量纲化处理：

$$S_k^*(c) = \frac{S_k(c)}{\max\limits_{c} S_k(c) \times 100} \qquad (9.5)$$

进而某一国家的上述八种地缘政治影响力的和：

$$GC(c) = \sum_{k=1}^{8} S_k^*(c) \qquad (9.6)$$

最后，某一国家的地缘政治影响力为上述和的无量纲化处理结果：

$$GC^*(c) = \frac{GC(c)}{\max\limits_{c} GC(c) \times 100} \qquad (9.7)$$

9.3.3　测算结果

表9-10　　　　　　　　（部分）国家地缘政治影响力

国家	地域一体化	人口状况	经济影响力	科技实力	外交影响力	军事实力	文化软实力	地缘政治影响力
美国	1.000	0.674	1.000	1.000	0.900	1.000	1.000	1.000
中国	0.383	0.992	0.553	0.908	0.701	0.561	0.381	0.681
法国	0.532	0.603	0.173	0.405	1.000	0.150	0.470	0.507
日本	0.407	0.605	0.310	0.738	0.722	0.065	0.199	0.463
德国	0.268	0.578	0.257	0.525	0.901	0.105	0.278	0.443
英国	0.405	0.600	0.224	0.392	0.862	0.080	0.348	0.443
印度 *	0.210	1.000	0.116	0.242	0.587	0.452	0.137	0.417
俄罗斯 *	0.475	0.577	0.085	0.325	0.679	0.484	0.065	0.409
加拿大	0.643	0.593	0.138	0.362	0.532	0.027	0.174	0.376
澳大利亚	0.654	0.609	0.095	0.344	0.507	0.026	0.181	0.367
意大利	0.087	0.584	0.105	0.355	0.838	0.088	0.291	0.357
韩国	0.170	0.592	0.175	0.486	0.514	0.155	0.091	0.332
西班牙	0.177	0.590	0.088	0.340	0.819	0.084	0.073	0.330
新西兰	0.421	0.600	0.323	0.330	0.322	0.003	0.117	0.322
荷兰	0.276	0.577	0.141	0.367	0.704	0.027	0.007	0.319

续表

国家	地域一体化	人口状况	经济影响力	科技实力	外交影响力	军事实力	文化软实力	地缘政治影响力
瑞士	0.305	0.584	0.103	0.364	0.631	0.015	0.053	0.313
丹麦	0.346	0.575	0.108	0.346	0.511	0.006	0.069	0.298
瑞典	0.298	0.586	0.080	0.368	0.569	0.013	0.004	0.292
挪威	0.361	0.591	0.060	0.348	0.499	0.010	0.010	0.286
土耳其*	-0.060	0.623	0.044	0.310	0.640	0.095	0.221	0.285
比利时	0.182	0.578	0.062	0.344	0.633	0.008	0.061	0.284
奥地利	0.244	0.570	0.044	0.343	0.504	0.005	0.153	0.283
墨西哥	0.040	0.658	0.064	0.282	0.514	0.049	0.180	0.272
葡萄牙	0.236	0.568	0.021	0.307	0.531	0.010	0.106	0.271
芬兰	0.308	0.573	0.034	0.343	0.482	0.008	0.026	0.270
新加坡*	0.321	0.612	0.234	0.346	0.229	0.018	0.000	0.268
爱尔兰	0.254	0.594	0.078	0.342	0.423	0.002	0.052	0.265
巴西	0.262	0.649	0.070	0.301	0.258	0.120	0.050	0.260
印度尼西亚*	0.186	0.651	0.039	0.257	0.389	0.096	0.069	0.257
智利	0.263	0.599	0.022	0.304	0.407	0.020	0.032	0.251
波兰*	0.113	0.568	0.040	0.319	0.536	0.034	0.032	0.250
阿根廷	0.082	0.612	0.020	0.299	0.505	0.017	0.084	0.246
希腊*	0.042	0.565	0.014	0.313	0.512	0.023	0.132	0.244
马来西亚*	0.112	0.623	0.054	0.296	0.345	0.021	0.139	0.242
捷克*	0.154	0.561	0.024	0.323	0.451	0.007	0.062	0.241
以色列*	0.066	0.642	0.029	0.344	0.378	0.062	0.027	0.235
匈牙利*	0.092	0.544	0.018	0.304	0.495	0.006	0.086	0.235
斯里兰卡*	-0.011	0.589	0.006	0.278	0.224	0.044	0.353	0.226
卢森堡	0.292	0.589	0.025	0.326	0.234	0.001	0.006	0.224
冰岛	0.290	0.600	0.013	0.335	0.173	0.000	0.011	0.216
南非	0.078	0.581	0.029	0.257	0.432	0.019	0.022	0.216
沙特阿拉伯*	0.059	0.609	0.043	0.308	0.293	0.076	0.002	0.212
斯洛伐克*	0.103	0.556	0.015	0.306	0.317	0.003	0.078	0.210

续表

国家	地域一体化	人口状况	经济影响力	科技实力	外交影响力	军事实力	文化软实力	地缘政治影响力
斯洛文尼亚*	0.167	0.562	0.012	0.323	0.273	0.001	0.016	0.206
越南*	0.019	0.628	0.023	0.247	0.264	0.074	0.063	0.201
爱沙尼亚*	0.185	0.550	0.020	0.315	0.222	0.001	0.017	0.199
泰国*	-0.010	0.578	0.054	0.279	0.325	0.066	0.008	0.198
阿联酋*	0.178	0.571	0.060	0.313	0.076	0.013	0.084	0.197
立陶宛*	0.139	0.533	0.032	0.310	0.251	0.005	0.017	0.196
菲律宾*	-0.039	0.664	0.019	0.254	0.319	0.023	0.010	0.190
巴基斯坦	-0.171	0.709	0.010	0.199	0.337	0.133	0.011	0.187
拉脱维亚*	0.115	0.533	0.018	0.305	0.215	0.001	0.012	0.182
卢旺达	0.041	0.691	0.009	0.191	0.056	0.005	0.206	0.182
马耳他	0.174	0.574	0.007	0.316	0.109	0.000	0.011	0.181
文莱*	0.166	0.605	0.005	0.301	0.108	0.001	0.001	0.181
塞浦路斯*	0.120	0.588	0.013	0.311	0.127	0.002	0.020	0.180
克罗地亚*	0.080	0.553	0.009	0.299	0.166	0.003	0.068	0.179
卡塔尔*	0.120	0.598	0.017	0.302	0.045	0.003	0.074	0.176
埃及*	-0.093	0.668	0.010	0.255	0.151	0.115	0.050	0.176
哥伦比亚	-0.020	0.613	0.018	0.273	0.163	0.071	0.024	0.174
哥斯达黎加	0.097	0.613	0.007	0.283	0.117	0.001	0.019	0.173
阿曼*	0.093	0.650	0.009	0.297	0.041	0.011	0.028	0.172
罗马尼亚*	0.010	0.547	0.015	0.292	0.214	0.020	0.012	0.169
毛里求斯	0.156	0.566	0.025	0.284	0.068	0.000	0.008	0.168
保加利亚*	0.029	0.536	0.009	0.292	0.184	0.005	0.047	0.168
约旦*	0.001	0.667	0.006	0.258	0.081	0.017	0.034	0.162
塞内加尔	-0.015	0.691	0.003	0.183	0.097	0.003	0.088	0.160
伊朗*	-0.105	0.622	0.017	0.285	0.085	0.084	0.047	0.158
孟加拉国*	-0.126	0.660	0.008	0.219	0.233	0.032	0.007	0.157
蒙古国*	0.046	0.582	0.005	0.262	0.131	0.002	0.004	0.157
纳米比亚	0.093	0.633	0.004	0.230	0.054	0.002	0.014	0.157

续表

国家	地域一体化	人口状况	经济影响力	科技实力	外交影响力	军事实力	文化软实力	地缘政治影响力
摩洛哥	-0.011	0.629	0.012	0.241	0.119	0.035	0.004	0.157
汤加	0.083	0.652	0.003	0.255	0.025	0.000	0.003	0.155
哈萨克斯坦 *	0.019	0.580	0.020	0.292	0.060	0.011	0.040	0.155
厄瓜多尔	-0.023	0.628	0.006	0.270	0.118	0.007	0.013	0.155
科威特 *	0.002	0.608	0.013	0.288	0.062	0.008	0.036	0.155
巴拿马	0.003	0.621	0.007	0.283	0.093	0.004	0.004	0.154
不丹 *	0.157	0.590	0.004	0.220	0.036	0.000	0.003	0.153
阿尔及利亚	-0.062	0.634	0.007	0.270	0.091	0.049	0.015	0.153
牙买加	0.036	0.616	0.005	0.259	0.069	0.001	0.011	0.152
古巴	0.027	0.565	0.002	0.277	0.091	0.010	0.022	0.151
斐济	0.094	0.581	0.003	0.258	0.051	0.001	0.004	0.151
巴林 *	-0.026	0.607	0.010	0.299	0.046	0.003	0.049	0.150
赞比亚	-0.036	0.720	0.005	0.211	0.078	0.002	0.007	0.150
多米尼加	-0.048	0.618	0.005	0.265	0.089	0.010	0.035	0.148
白俄罗斯 *	-0.026	0.545	0.010	0.292	0.071	0.024	0.055	0.147
阿尔巴尼亚 *	-0.009	0.585	0.004	0.282	0.081	0.001	0.023	0.147
塞尔维亚 *	-0.008	0.545	0.009	0.285	0.123	0.005	0.008	0.147
乌干达	-0.105	0.759	0.003	0.188	0.089	0.006	0.005	0.144
肯尼亚	-0.105	0.691	0.008	0.206	0.129	0.005	0.012	0.144
乌克兰 *	-0.154	0.546	0.010	0.269	0.137	0.052	0.082	0.143
玻利维亚	-0.071	0.633	0.003	0.250	0.101	0.010	0.016	0.143
坦桑尼亚	-0.070	0.712	0.004	0.188	0.093	0.004	0.006	0.143
安哥拉	-0.102	0.751	0.006	0.205	0.045	0.017	0.002	0.140
贝林	-0.066	0.710	0.002	0.185	0.070	0.002	0.007	0.138
多哥	-0.140	0.647	0.004	0.183	0.066	0.001	0.149	0.138
尼日利亚	-0.200	0.702	0.013	0.190	0.136	0.030	0.034	0.138
老挝 *	-0.068	0.617	0.002	0.215	0.105	0.017	0.015	0.138
尼泊尔 *	-0.106	0.631	0.004	0.206	0.145	0.015	0.004	0.137

续表

国家	地域一体化	人口状况	经济影响力	科技实力	外交影响力	军事实力	文化软实力	地缘政治影响力
马拉维	−0.084	0.732	0.003	0.173	0.061	0.002	0.006	0.136
巴拉圭	−0.069	0.606	0.004	0.258	0.082	0.004	0.009	0.136
柬埔寨 *	−0.103	0.613	0.003	0.207	0.118	0.026	0.026	0.135
伯利兹	−0.056	0.640	0.002	0.256	0.040	0.000	0.003	0.135
亚美尼亚 *	−0.041	0.565	0.007	0.271	0.061	0.007	0.011	0.134
莫桑比克	−0.113	0.710	0.003	0.159	0.060	0.002	0.057	0.134
马尔代夫 *	−0.039	0.627	0.002	0.256	0.022	0.000	0.007	0.133
萨尔瓦多	−0.086	0.619	0.004	0.238	0.079	0.006	0.009	0.132
埃塞俄比亚	−0.104	0.706	0.004	0.167	0.066	0.019	0.008	0.132
阿塞拜疆 *	−0.093	0.581	0.012	0.269	0.056	0.012	0.014	0.129
圭亚那	−0.033	0.581	0.003	0.239	0.046	0.000	0.002	0.127
马达加斯加	−0.096	0.675	0.002	0.186	0.063	0.003	0.003	0.127
乌兹别克斯坦 *	−0.107	0.601	0.007	0.253	0.039	0.009	0.022	0.125
委内瑞拉	−0.246	0.610	0.002	0.259	0.135	0.046	0.004	0.123
科特迪瓦	−0.100	0.617	0.004	0.184	0.083	0.004	0.012	0.122
毛里塔尼亚	−0.096	0.646	0.002	0.188	0.050	0.003	0.000	0.121
黎巴嫩 *	−0.180	0.590	0.004	0.260	0.091	0.013	0.015	0.121
津巴布韦	−0.169	0.645	0.003	0.201	0.089	0.007	0.015	0.120
吉尔吉斯斯坦 *	−0.121	0.611	0.004	0.240	0.039	0.003	0.009	0.119
塔吉克斯坦 *	−0.180	0.629	0.003	0.234	0.031	0.002	0.060	0.118
苏丹	−0.219	0.711	0.005	0.181	0.067	0.017	0.012	0.118
塞拉利昂	−0.086	0.624	0.002	0.156	0.055	0.001	0.015	0.117
波黑 *	−0.073	0.549	0.004	0.274	0.001	0.002	0.009	0.117
马里	−0.181	0.721	0.003	0.152	0.066	0.003	0.002	0.116
伊拉克 *	−0.298	0.684	0.010	0.246	0.054	0.032	0.006	0.112
土库曼斯坦 *	−0.137	0.579	0.001	0.253	0.022	0.006	0.000	0.110
海地	−0.188	0.605	0.002	0.179	0.057	0.000	0.002	0.100
缅甸 *	−0.144	0.356	0.004	0.208	0.123	0.070	0.012	0.096

续表

国家	地域一体化	人口状况	经济影响力	科技实力	外交影响力	军事实力	文化软实力	地缘政治影响力
加蓬	−0.092	0.658	0.003	0.000	0.049	0.001	0.000	0.094
冈比亚	−0.058	0.624	0.002	0.000	0.044	0.000	0.003	0.094
也门*	−0.349	0.680	0.002	0.165	0.039	0.005	0.004	0.083

注：*代表"一带一路"沿线国家。

表9-10初步量化比较了现时多数"一带一路"参与国的国别风险，从总体上说，"一带一路"沿线国家地缘政治影响力以及地域一体化、经济影响力、科技实力、外交影响力、军事实力、文化软实力目前仍处于中下游水平，但其人口资源丰富具有广阔的市场，而量化评价沿线国家地缘政治影响力，对"一带一路"投资、贸易具有一定的实践参考意义。

第 10 章
健康丝绸之路建设与
投资、贸易风险应对

2016 年 6 月 22 日，国家主席习近平在乌兹别克斯坦最高会议立法院发表演讲时首次提议携手打造"健康丝绸之路"，得到各国积极响应。"健康丝绸之路"，聚焦维护卫生安全、促进卫生发展和推进卫生创新三大维度，致力于促进 2030 年可持续发展议程相关健康目标的实现，推动构建人类命运共同体，更好地维护本地区民众健康福祉。

10.1 健康丝绸之路建设的重要意义和推进实践

10.1.1 健康丝绸之路建设的重要意义

健康是人类所有民族、所有地区最基本的需求，既有人类共有的"刚性"特征和社会建设的"共性"需要，也有相同的"人文"基因，能够得到不同意识形态、不同种族国家、地区政府和当地百姓的普遍认同和支持。"健康丝绸之路"建设健康命运共同体，最容易赢得民心，达成共识。

健康是人类的共同追求，也是千百年来古丝绸之路的永恒主题。

2000 多年来，丝绸之路不仅成为一条商贸之路和民间友好之路，也书写了不同肤色、不同民族、不同文化的人们共同探索生命和健康科学、推进中外医学交流的无数佳话，如中国的人参、茯苓等中药材，脉诊、麻醉、针灸等疗法以及医书论著陆续传入沿途国家，古希腊、罗马、印度、波斯、阿拉伯及非洲的安息香、木香、豆蔻等药材和穿颅术等疗法也传入中国。新中国成立以来，我国对多数沿线国家进行的医疗援助、医疗卫生交流合作，得到这些国家和地区的广泛认同和赞誉。

“健康丝绸之路”建设是各国政策沟通、设施联通、贸易畅通、资金融通的重要内容，它能起到将各国民心连接在一起的纽带作用。它能穿越政治、经济、宗教、文化等藩篱之墙，也是投资、贸易活动风险规避有效的现实路径和方法。

“健康丝绸之路”建设广泛传播“共享理念”。“一带一路”建设以共商、共建、共享为原则，以和平合作、开放包容、互学互鉴、互利共赢为指引。健康是追求幸福的第一基石，提升国民健康水平是治国安邦的重要任务。而公共卫生合作，不仅是“健康丝绸之路”搭建的交往平台，也是我国落实 2030 年可持续发展议程、援助发展中国家的重要内容。新冠肺炎疫情再次提醒着世界，人类休戚与共，面对公共卫生安全这样的全球性挑战，需要共同合作，共筑“人类卫生健康共同体”。中国作为负责任的大国，积极倡导和促进疫情信息分享，建立联防联控机制，积极开展医疗国际救援，援助和出口大量医疗物资，并加强医疗技术和科技合作，务实推动全球公共卫生合作，尤其新冠肺炎在海外全面爆发的危机时刻，中国加大了向“一带一路”合作伙伴共享抗疫经验和各种急需援助，强化了共同抗疫信心、提升了抗病效果，增加了互信和认同，中国为谋求全人类健康福祉，构建人类命运共同体作出了新贡献。

　　"健康丝绸之路"建设与各项投资、贸易活动相辅相成。一方面，极大地促进沿线国家医疗水平提高，丰富医疗卫生资源的国际公共产品供给渠道，帮助当地卫生基础设施建设，进而进一步改善沿线国家的营商环境，为开展双边贸易合作提供稳定、安全的环境。另一方面，双边投资贸易活动的开展必然会加大双方医疗卫生事业的合作，加大对当地医疗卫生的投资。它连接着健康产业，健康产业及其相关领域一般是政治敏感度低、社会认同度高的合作领域，可以开辟新的商品贸易和健康服务渠道，促进服务贸易、医疗医药、养老旅游等相关产业联动发展，促进商贸繁荣、共推沿线国家经济社会全面发展。

　　"健康丝绸之路"建设，有利于坚定"文化自信"，加快推动中医药走向世界。华夏文明源远流长，中医药文化历史悠久，积累了大量医理精髓和技术，传播中医文化，推广中医药治病的独特技术，在服务沿线国老百姓健康的同时，开启一扇世界了解中国文化的新窗口，有利于人类和平友好、健康发展。

10.1.2　健康丝绸之路建设的实施推进

　　健康是发展的核心，也是衡量国家可持续发展能力的重要指标。对于中国来说，它首先是自身发展理念，尤其是党的十八大以来，一直强调把人民健康放在优先发展的战略位置：从经济社会发展全局统筹谋划加快推进"健康中国"建设；从十八届五中全会"推进健康中国建设"的重大决策，到新世纪第一次全国卫生与健康大会，开启健康中国建设新征程；从印发建设健康中国的行动纲领——《"健康中国2030"规划纲要》，到党的十九大提出"实施健康中国战略"，以人民为中心加快健康中国建设的指导思想、顶层设计和实施路径步步深化、系统化、具体化。

　　在国际上，2012年我国提出"一带一路"倡议，并逐步与沿线许多国家和地区初步建立卫生合作机制，2016 年习近平主席在此基础上提出"健康丝绸之路"建设，几年以来的实施推进已初显成效。我国首先从政策层面持续推动（见表 10 - 1）。

表 10 - 1   "健康丝绸之路"建设重要事项一览

时间	重要事项	相关内容
2015 - 05 - 07	国务院发布《中医药健康服务发展规划（2015—2020 年）》（国办发〔2015〕32 号）	遴选可持续发展项目，与丝绸之路、21 世纪海上丝绸之路沿线国家开展中医药交流与合作，提升中医药健康服务国际影响力
2015 - 10 - 23	国家卫计委印发《关于推进"一带一路"卫生交流合作三年实施方案（2015—2017）》（国卫办国际函〔2015〕866 号）	根据沿线各国传统医药及民族医药特点，开展有针对性的中医药医疗、教育、科研及产业等领域合作
2016 - 06 - 22	习近平主席在乌兹别克斯坦最高会议立法院做《携手共创丝绸之路新辉煌》的演讲	着力深化医疗卫生合作，加强在传染病疫情通报、疾病防控、医疗救援、传统医药领域互利合作，携手打造"健康丝绸之路"
2016 - 12 - 26	国家中医药管理局国家发展和改革委员会发布中医药"一带一路"发展规划（2016—2020 年）	加强与"一带一路"沿线国家在中医药（含民族医药）领域的交流与合作，开创中医药全方位对外开放新格局
2017 - 01 - 18	国家卫计委与 WHO 在日内瓦签署《中华人民共和国政府与世界卫生组织关于"一带一路"卫生领域合作的谅解备忘录》	奠定了卫生合作在中国"一带一路"宏大倡议中的地位，这在中国与世界卫生组织的合作史上具有里程碑意义
2017 - 05 - 13	国家卫计委与 WHO 联合签署《中华人民共和国政府与世界卫生组织关于"一带一路"卫生领域合作的执行计划》	双方将加强合作，以全面提升中国同"一带一路"沿线国家人民健康水平为主线，促进我国及沿线国家卫生事业发展，携手打造"健康丝绸之路"
2017 - 08 - 18	发布"一带一路"卫生合作暨"健康丝绸之路"北京公报	支持 WHO 于 2013 年发布的《2014—2023 年传统医学战略》以及第 62 届和第 67 届世界卫生大会关于传统医学的决议
2020 - 05 - 18	习近平在第七十三届世界卫生大会视频会议开幕式上发表题为《团结合作战胜疫情 共同构建人类卫生健康共同体》的致辞	从构建人类卫生健康共同体的高度，深刻阐释中国的抗疫主张，并且提出了一系列重要的倡议和举措

在实施推进中，我国持续对传染病防控、妇幼健康、跨境医疗合作、卫生人才培养等多个领域发力，并取得突破性和示范性成果，增进了与"一带一路"相关参与国家民心相通，成为中国与伙伴国家增进战略互信、促进繁荣发展的重要基础。多年以来，我们坚持多边主义，加强国际合作，服务沿线国家。在与世界卫生组织签署合作协议基础上，建立了中国—东盟卫生合作论坛、中阿卫生合作论坛、中国—中东欧国家卫生合作论坛等区域多边部长级对话平台；参与中俄、中印尼、中南非等高级别人文交流机制和中以创新机制，深化与"一带一路"支点国家双边卫生合作。在半个多世纪来的派遣医疗队，实施白内障手术、开展妇幼健康工程等基础上，近几年与"一带一路"国家卫生合作交流不断深化、合作领域也在扩展。对当地流行的传染病（如疟疾、血吸虫、脊髓灰质炎、痢疾等）进行全面调查研究，绘制出流行区域图，并提出预防措施，填补这些国家预防医学的空白。在佛得角、埃塞俄比亚、津巴布韦、塞拉利昂、马拉维、加纳，以及马达加斯加7国开展妇幼健康示范项目。与中东欧、东盟、阿盟等国家和地区的卫生部、医学院等部门开展了医疗人才培养、公共卫生服务、传统医药等方面的合作，已签订国家级合作协议23个，中非减贫惠民合作计划、中非公共卫生合作计划等合作项目达29个。援建综合性医疗机构或专科医院，如与埃塞俄比亚、桑给巴尔等沿线国医院签署对口合作协议，为它们培养专业人才，提升医学临床诊治能力，进而与科研相结合。援助更多医疗设备物质，如仅2014年非洲埃博拉病毒肆虐，中国就向疫区国家累计提供4轮总价值约7.5亿元（人民币）的紧急人道主义援助。在加强与"一带一路"国家交流合作方面，采取"引进来"与"走出去"并行，在积极吸引沿线国家和地区人员到我国接受高水平诊疗和医学教育、学习中医药文化的同时，中医药也加快了"走出去"的步伐，利用与周边国家的比较优势，吸引周边国家患者前来就医，如新疆更是提出打造丝绸之路区域性医疗服务中心的目标。

2020 年，新冠肺炎疫情全球爆发，我国在抗击疫情过程中采取果断举措、取得了积极成效，得到了国际社会的普遍赞誉。同时，在全球新冠肺炎疫情蔓延的危难时刻，我们秉持人类命运共同体理念，弘扬国际人道主义精神，积极为其他疫情国家提供力所能及的支持和帮助。至 2020 年 4 月，中国政府和民间已向包括"一带一路"沿线国家在内的 140 多个国家和地区及国际组织提供急需的医疗物资援助，向 17 个国家派遣 19 个抗疫医疗专家组，并以视频会议等形式同各国广泛分享防控和诊疗经验，等等。

新冠肺炎疫情凸显了加强全球公共卫生合作的紧迫性。在这关键时刻，习近平主席再次强调打造"健康丝绸之路"，对于提振全球战胜疫情的信心，推进"一带一路"合作、构建人类命运共同体具有重要意义。

10.2 后疫情时代投资、贸易风险应对策略与技术方法

新冠肺炎疫情席卷下的国际形势瞬息万变，不确定性陡增。联合国秘书长古特雷斯表示，我们现面临的是"联合国 75 年历史中前所未有的危机"，"是一次对整个人类社会的冲击"。世界经济脆弱性越来越强，传统和非传统安全问题混杂，形成强大的破坏力，使应对难度更大，因而亟需加强应对投资、贸易风险的策略和技术研究。

10.2.1 应对策略

在新冠肺炎疫情全球蔓延和美国特朗普政府掀起的"逆全球化"风潮下，世界经济受到严重冲击，也影响到了部分"一带一路"的合

作项目。当前，海外疫情未能控制，国际贸易、项目建设等完全恢复还有待时日，从技术层面我们应当采取怎样的策略？

10.2.1.1　大幅推进金融开放，打造金融开放新高地，促进"一带一路"投融资高效、便利

2020 年 6 月 18 日，在第十二届陆家嘴论坛开幕式上，中国证监会主席易会满在主题演讲中指出"面对困境，金融行业必须主动积极作为，更好地发挥促进要素资源全球配置、便利跨境投融资活动和支持产业科技创新的重要功能"。中国要为新一轮的全球化提出新的举措和建议，要推进包括健康丝绸之路在内的"一带一路"建设，必须提升金融市场的国际地位，加大金融开放度，进一步吸引海外资金，做大做强中国金融市场，促进包括"一带一路"在内的投融资高效、便利。加大金融开放也为境内资金更安全、合规地参与国际投资贸易，创造了更好的市场环境，促进国内国外资金、资产、信息、技术等要素合理流动，实现良性循环。

推动健康丝绸之路建设，需要进一步大量融资，而当下全球避险情绪上升，要吸引更多海内外包括民间资本在内的资金加入"健康丝绸之路"，必须把国内资本市场大门打得更开，增加资本市场"活水"，才能提高市场效率，更好地实现金融支持实体"走出去"，并到"一带一路"沿线国家举办医疗机构和医药企业，发展大健康产业。

10.2.1.2　推进"健康丝绸之路"建设，加快中医药"走出去"

中国提出的"健康丝绸之路"，聚焦维护卫生安全、促进卫生发展和推进卫生创新三大维度，致力于促进 2030 年可持续发展议程相关健康目标的实现，推动构建人类命运共同体，更好地维护本地区民众健康福祉。为加强"健康丝绸之路"建设，习近平主席在 2020 年 5 月 18 日第 73 届世界卫生大会视频会议开幕式上发表"团结合作战胜疫情　共

同构建人类卫生健康共同体"的致辞，为进一步推进健康丝绸之路建设指明了整体方向，具体路径我们可以通过进一步完善合作机制、加快中医药"走出去"、加强相关人才培养等措施，提升与"一带一路"沿线国家在卫生合作领域的整体性、系统性和连续性，进一步树立"健康丝绸之路"的品牌效应。

第一，完善合作机制。目前国家已在多个多边框架下与"一带一路"国家建立了卫生合作关系，有些已经形成了较高层次的合作机制，而边境和一些省级交流，特色项目，国家部委层面应该为各省推进"一带一路"卫生交流合作搭建平台，进一步出台相关扶持和激励政策，统筹引领和带动地方与相关国家建立合作关系，推动卫生合作项目落地。

第二，加快中医药"走出去"。中医中药经过几千年的临床实践，无论在治病、防病，还是养生调理等方面，都是确凿有效且可行，它还是中华文化的重要组成部分。我国医疗集团可通过在"一带一路"沿线国家或地区建成医疗服务机构、包括中医药在内的医药科研机构、康复养生基地等实实在在的"健康"举措，为沿线百姓提供中西医结合和中医特色服务，提升健康水平，也增加当地居民就业岗位、促进经济发展，走出一条可循环的绿色生态发展之路。这样不仅可以赢得建设地国家、地区政府的信赖和人民的赞许，获得较高的政治认同性和心理接受度，也可以把中医药和中华文化潜移默化地嵌入民心中，还可以逐步提升中医药走出去的全球影响力。同时，运用市场机制，激发培养系列健康产品消费需求，进一步完善企业医疗产业布局，促进"一带一路"投资、贸易的良性循环。

第三，加强人才培养。中国急需培养大批熟悉"一带一路"沿线国家与地区政治经济与卫生体系、具备医疗专业知识的人才。特别是现在随着中医药"走出去"的力度不断加大，更加需要培养既要懂专业技术，又要懂沿线国家语言的人才。需要进一步加大对沿线国家和地区自身医疗人才的培养力度，让更多的留学生到中国学习传统中医药技术，通过他们进一步将古老的中医药技术和文化向世界传播。

10.2.1.3　持续推动"一带一路"法规制度建设，打造高质量国际经济合作契约

"一带一路"法规制度建设是"健康丝绸之路"建设推行的保障，也是所有"一带一路"投资、贸易活动的基本准绳。"一带一路"涉及关税、投资、资源利用、外汇管制、劳务、保险、货物贸易、服务贸易等多方面的法律制度，只有对沿线各国相关法律制度，特别是强制性法律规范有了较为深入的了解和研究之后，中国与沿线国家的双边或多边经贸合作才能更顺利地进行，才能避免沿线各国投资建设活动中的法律风险。"一带一路"参与国法律制度各不相同，法律文化传统各异，法治发展水平参差不齐（详见本书第 7 章）。这些国家的法律规则不同，不仅表现在基础设施建设、贸易与投资管理、能源开发、区域合作、劳动用工、环境保护、税收金融等领域，而且表现在公司、合同、侵权、知识产权等私法方面。如果不清楚其中的规律和要求，就有可能给参与合作的相关国家或企业带来预料不到的法律风险。

目前，"一带一路"参与国相互交往的法律制度还不完善，其中有些法律、政策不受国际贸易仲裁制度的约束；也有参与国"法律制度过剩"的问题，即一些国家不仅存在大量双边协调合作机制，还建立了一些国际组织，这就形成了机制叠加的网络。这类网络在制度上需要相互整合，在规范上需要进一步梳理，应设法推动现有机制相互包容，特别是在不同机制之间搭建沟通和衔接平台，防止不同机制彼此冲突。由于机制互容涉及复杂的利益因素，需要谨慎对待，采取循序渐进的方

式促进各种机制相互适应。在遵循市场原则，推进在设计、咨询、会计、认证、法律等生产性服务业方面的合作的基础上，推动建立区域经济合作架构和新的合作机制，为"一带一路"参与国的深度合作创造条件。

随着"健康丝绸之路"建设不断推进，多边国际经济合作规则始终要成为其建设的重要基础。遵循多边合作的规律，建立有约束的国际协议履约执行机制，在已有的双边和多边合作机制前提下，通过完善制定多边合作协议的方式逐步建立一套统一的法律制度框架。为避免出现因契约分散化而带来的难以整体推进的问题，可由参与国共同协商讨论、签署并共同遵守，为投资方在沿线国家的投资提供必要的法律保障，这也是互联互通、贸易畅通、消除投资壁垒等合作重点的前提和保障。

规则和信用是国际治理体系有效运转的基石，也是国际经贸关系发展的前提。首先，不断完善自身法治建设。包括"健康丝绸之路"在内的"一带一路"建设的投资贸易活动，与涉外民商事、海事海商以及自贸区政策等有关，我国的涉外法律法规体系仍亟待完善，国内的立法应吸收国际经济贸易规则的新内容，为"一带一路"各参与国之间的法律协调奠定基础，必须充分保护涉外"一带一路"建设纠纷中当事人的诉讼权利，加强与"一带一路"沿线各国的国际司法协助合作，减少、避免可能发生的法律冲突。推动中医中药走出去，国内中医药相关标准和法律法规亟待完善。目前，"一带一路"部分国家中医药准入方面仍有障碍，与我们缺少中医药相关标准和法律法规是有关系的，使得政策准入仍是当前对外医疗合作的最大壁垒。推进"健康丝绸之路"首先要健全相关法律法规，特别是中医药领域要有自己的体系和标准，以及应对各种急危重症和大病的诊疗体系。在遵循相关国际规则基础

上，尽快形成具有中国特色科学的医疗模式和标准方式，以权威的方式
向世界推广。当然，我们也需要不断用实际行动树立大国信誉，带动文
化认同基础上的参与国承诺兑现、履约完全的契约精神。

10.2.1.4　拓宽与"一带一路"沿线国家医疗资源要素互补与共
享范围

"一带一路"沿线国家很多发展水平比较低，经济发展总体规模不
大，相互之间的贸易水平不高，医疗资源要素缺少，医疗条件有限，这
从新冠肺炎蔓延过程的事实中也可佐证。但这一区域内的国家包括医疗
资源要素在内的许多资源要素禀赋有类同也有互补，依本书第 8 章实证
分析结果，它们的贸易潜力也较大。以东盟十国为例，根据中国海关统
计，2019 年，中国—东盟贸易额达 6415 亿美元，比 2018 年增长
9.2%，快于中国对外贸易的平均增速，东盟成为中国的第二大贸易伙
伴。2019 年，中国与东盟国家贸易为顺差排前三位的国家是越南、菲
律宾、新加坡；中国与东盟国家贸易为逆差排前三位的国家是马来西
亚、泰国、老挝。因此，我们对双方贸易互补性不同的国家应该采取不
同的对策：我国与亚洲东南部、南部、欧洲中部、东部等地区在贸易互
补性上都较强，贸易也自然具有较大的发展空间，但我们需要进一步针
对各国的政治、贸易、经济发展等做具体的、动态的研究分析，创造拓
展包括医疗资源要素互补的新领域，同时完善原有贸易结构，以激发出
全新的贸易增长点。在当前双方共同抗疫期间，共享抗疫和最新医疗成
果信息，积极探索实施电子商务合作、线上远程医疗合作、线上抗疫物
资贸易合作、线上商机对接合作等，开拓合作发展新空间。2020 年 5
月 30 日，东盟和中国的经贸部长发表关于"对抗 2019 冠状病毒疾病和
加强《亚细安—中国自由贸易协定》合作"的联合声明，其中就提出，
各国将进一步加强在本区域和各国各层面的合作，包括定期、及时、透

明地交换信息和分享知识、经验和最佳作业方式,以及促进对抗新冠病毒药品和疫苗的生产和获取。这将确保各国的知识和经验能转化为区域的最佳作业方式,为减缓对医疗、制造、贸易投资和旅游的负面影响提供支持,并展示东盟—中国面向和平与繁荣的战略伙伴关系的精神。

10.2.2 技术方法

在近两年美国挑起贸易摩擦、给我国对外投资贸易和整个国际金融市场都带来不确定性,加之新冠肺炎全球蔓延的危机时刻,我们极力推动"健康丝绸之路"建设,必须加强金融制度安排和工具创新,调整和重组债务,深化跨境电商物流协作和开拓新的合作领域。

10.2.2.1 金融制度安排和工具创新

当前,首先要加强货币合作,推动人民币国际化。进一步扩大与"一带一路"沿线国家双边本币互换协议的规模,全面开展与沿线国家的贸易本币结算;作为重要的金融基础设施和人民币国际流通的基础支撑,人民币跨境支付系统对接更多沿线国家的银行,并增扩人民币清算业务。健全人民币回流机制,如募集海外人民币资金,依法发起设立公募或私募证券基金,并投资国内;推进人民币与周边其他国家货币的直接挂牌、兑换和交易;研究建立中亚地区的人民币清算中心,扩大代理行数量;发行中国与相关国家通用的银行卡,扩大银联卡在沿线国家的使用范围。其次,减少各渠道的限制性规定,助使 QFII、RQFII 投资规模继续扩大,不断拓宽离岸人民币的投资渠道,推动更多人民币资金在海外市场流转;将互联互通模式拓宽到包括债券、商品等在内的更为广阔的市场中,以此吸纳更多海外客户群体通过香港平台进入大陆市场,为离岸人民币资金提供更多类别的投资工具。最后,坚持发展国际债券市场,采取发放债券、股票等方式,建立"丝路健康基金",充分利用直接融资渠道为"一带一路"建设服务。

从企业层面来讲，有"一带一路"直接投资或者国际贸易企业，在疫情之下，应该建立一个有效的风险管理体系，及时跟踪监测企业各项财务指标，密切关注外部风险，提高危机应对能力；在企业复工复产过程中，注意金融机构和当地政府合作，在融资或再融资方面，吸收当地政府、有政治资源和经济能力或潜力的集团或个人参股，形成投资共出、成果共享、风险共担的新型"合伙人"制度；注重科技研发创新，将技术成果转化为实际的产品竞争优势，向高技术商品贸易推进，提升产品在全球价值链中的地位，医疗集团可把国内成熟的医药产品、先进的医疗技术、优秀的专业人才、科学的管理经验等输出到"一带一路"沿线国家，促进健康服务模式和医疗产品技术创新，以及保健食品、医疗旅游和健康信息化等相关产业快速发展，在造福沿线百姓的同时，提升生命质量，传递企业声音，宣传集团的文化内涵，最终通过健康"点"的突破，获得当地政府政策、资金、人才等广泛支持，赢得空间"面"上的整体发展。此外，还可利用沿线国家丰富的动植物资源，主动学习当地医疗文化，因地制宜开发出适合当地的中医药特色产品，形成完整的中医药价值产业链。

10.2.2.2　调整和重组债务

新冠肺炎全球蔓延，造成"一带一路"项目部分中断，债务负担增加；而受疫情影响，沿线国家需求减弱，负债率上升。2020 年 6 月我国政府本着人道主义精神，宣布向 77 个疫情严重的发展中国家和地区暂停债务偿还，其中包括不少"一带一路"沿线国家。但一些新兴市场经济体由于长期对外部资金依赖度较高，其本身抵御资本外流能力较弱，存在较大的债务违约风险。在发展中国家面临债务困难的时刻，我们需要调研实际状况，采取多种技术方法应对：如对初始投资和建设计划进行适当调整；分解转化和重组债务，让部分承包商作为投资方参与项目建设、运营；多方合作，力保项目顺利运转，同时降低运行成本，节减债务；依据国家信用情况进行债务融资，资产抵押、劳务输出等。此外，还可选择参加国际银团招标，借助辛迪加贷款方式降低风险，开展国际并购贷款、工程项目再融资、国际保理等创新型业务，重组债务。

值得注意的是：国际上征信制度是保障营商环境的必要措施。"一带一路"建设应在多边国际经济合作契约基础上，探索征信制度体系建设，使之成为建立国际合作新秩序的重要治理手段。另外，建立国际经济合作的信用担保制度，运用相应的金融再保险（详见本书第11章）和进出口信用担保制度，以化解和降低信用和交易损失。

10.2.2.3 开拓新的合作领域

受疫情影响，国际贸易受到阻滞，在缓慢恢复的过程中，各国发展经济、保障民生的愿望更加强烈。中国在全球疫情防控中显示出了智慧和力量，因此要抓住机遇，依托"一带一路"合作平台，坚持共商共建共享原则，不断开拓新的合作领域，为各国发展创造新增长点，为全球经济复苏注入更多动力。

当前，跨境电商物流协作无疑还具有较大的发展空间。由于互联网的发展，消费市场的地域限制被打破，越来越多的海外产品可以跨越地域的差异，使得发展跨境电子商务前景广阔。共建"一带一路"倡议实施以来，我国与沿线国家和地区跨境电子商务得到了快速发展，但跨境电商物流协作方式仍可不断优化创新，如坚持"一国一策、因地制宜"的原则稳步推进沿线国家与地区的物流通道建设；在做好防疫工作基础上，加快处在重要地理位置的国家和地区的过境通道建设；健全与沿线国的互联互通设备，并以此为基础做好基础设施建设，突破关键瓶颈，加强物流通道建设，从流通便利化、标准统一化等角度切入，建立健全"一带一路"物流体系；采用多元物流协作模式，发挥各国的优势与作用，与沿线国家或地区携手共同建设跨境电商海外仓库；逐步扩大批量化运输规模，减少物流成本，实现当地发货的迅速响应订单，缩短配送时间；增建可出租的海外仓库及中运点，便利跨境电商；打通当地政府、电商及物流第三方的各个配合环节，共同促进跨境电商的发展；巩固拓展与"一带一路"沿线国家经贸互利合作，加强自贸区网络建设，提升贸易投资自由化、便利化水平。

投入新基建领域是另一个好的发展契机，尤其是与数字经济相关的新基建。随着计算机技术的日新月异，信息储存系统越趋廉价和互联网在全球的不断普及，能够把开放信息数据提升至全新的应用领域，推动大数据、"互联网+"、智慧城市领域的合作，因而世界各主要国家均高度重视未来发展数字经济的核心基础设施。它能促进跨境电商、网上展览、远程招商、云视频等新的经贸方式发展和提高效率，将计算机技术、信息储存系统和互联网普及"三位一体"，发挥"1+1+1＞3"的效应，企业可在"数字丝绸之路""健康丝绸之路"建设中实现转型升级发展。

"区块链"技术的应用是一个值得探索的方向。它拥有去中心化、方便快捷、高安全性、记账速度快、成本较低、互相监察验证和资料公开透明等优点。随着国际大型银行、金融机构及科技公司的纷纷参与及区块链技术的应用，未来将对全球金融、商业和政府政策等领域产生较大的影响。因此，中国在推动"一带一路"建设中，也应考虑积极应用区块链技术参与完善和规划国际各组织的顶层设计，尤其是在沿线国的金融互联互通和外向型企业运营的一些领域，如通过区块链技术开发一个虚拟货币系统，各方共同拟定规则，信用建立在联合协议上，这对其运作的有效性、安全性提供可靠的法规依据，这个系统不但是双边货币互换、多变交叉货币互换的网络版，更是升级版、智能版，它将是促进经贸、投资、旅游等众多领域合作的基础和支撑。同时，区块链技术可协助中国企业进一步扩大商贸往来：一方面把相关信息广泛地、迅速地向包括中国企业在内的全球投资者传播，供潜在的投资者参考；另一方面，则是通过区块链技术高的安全性、互相监察验证和公开透明等的优势做信用背书，可以增强投资者和被投资者的互信基础，方便投资者作出投资选择及签订具有信用背书的合同。同时，中国富余的产能也可以通过数字化向沿线国家潜在投资者推销，既可减少交易和营销成本，也可向沿线国家乃至全球各国进行网络众筹，或尝试在网络系统进行首次公开招股（IPO）等。

"一带一路"倡议、"健康丝绸之路"建设成为应对"逆全球化"趋势的重要力量，也为沿线各国的发展和世界经济的增长带来实实在在的中国力量。展望未来，我们将继续推进"一带一路"建设，疫情之后，将进一步提升与沿线国家在卫生健康产业领域合作的整体性、系统性和连续性，将从打造"健康丝绸之路"到努力实现"人类卫生健康共同体"，推动完善全球治理和繁荣发展。

第 11 章
"一带一路"投资、
贸易风险应对——保险技术

  "一带一路"建设是党中央面对复杂国际形势，实施新一轮扩大开放的重要举措，是一项长期而充满挑战的宏伟工程。它给对外投资、贸易带来极佳机会，但也直面种种风险。尤其在当下贸易战和全球疫情蔓延背景下，各种不确定性陡增，投资、贸易全面受到影响，世界经济复苏仍在一个缓慢过程之中，规避风险的有效机制——保险凸显其重要作用和应用价值。本章重点介绍"一带一路"倡议下的保险业发展和"一带一路"投资、贸易的保险工具应用。

11.1 "一带一路"倡议与保险业发展

  "一带一路"倡议基于互利共赢、共享发展的理念，旨在通过促进国际资源的自由流动和高效配置，共同打造政治互信、经济融合、文化包容的利益共同体、命运共同体和责任共同体。"一带一路"倡议为中国带来了机遇也面临种种风险和挑战。在众多的风险处置方法技术中，保险的集散风险、损失补偿、经济保障、资金融通等多种职能作用全面且有效，从本书的第6、7、8章实证和案例所分析的"一带一路"国别风险特征及面临的问题来看，也是针对性较强的管理技术。"一带一路"倡议以来的实践也证明了这一点：我国保险业在拓宽投资渠道、产品服务创新、市场规模发展等各方面获得了很大的发展。

2015年3月，国家发展改革委、外交部、商务部联合发布《推动共建丝绸之路经济带和21世纪海上丝绸之路的愿景与行动》，明确保险资金可以参与"一带一路"基础设施建设投资，国家对保险资金参与"一带一路"基础设施建设的认可，给保险资金运用带来极好的机会。原中国保监会也发布了《调整保险资金境外投资有关政策的通知》，允许国内保险企业的保险资金投资到香港以外的全球45个国家和地区；2017年又发布《关于保险业服务"一带一路"建设的指导意见》，为主动对接"一带一路"建设过程中的各类风险保障和资金融通需求提供政策支持。原中国保监会发布的《关于债权投资计划投资重大工程有关事项的通知》，对保险资金境外债权投资也放宽范围，明确债权投资计划投资"一带一路"等国家发展战略重大工程的支持措施；同时，还发布《中国保监会关于保险业支持实体经济发展的指导意见》，积极推动保险资金参与"一带一路"项目和实体经济发展。

在政策实施推进方面，2015年国务院批准设立了中国保险投资基金，第一批400亿元人民币基金投向境外的"一带一路"项目，至2018年底保险业支持"一带一路"建设投资规模达人民币8568.26亿元。以上海保险为例，紧跟国家"一带一路"倡议，支持服务外向型经济，如航运保险在传统险种的基础上，开拓物流责任险、船舶污染责任险、无船承运人保证金责任保险等新型业务，增加远洋船舶险、污染责任险、物流责任险等的再保险支持，建立"一带一路"重点港口城市航运保险中心直属业务部，加强重点地区水险业务服务技能。促进出口信用保险发展，为企业出口"一带一路"沿线国家提供风险保障。

引导建立"一带一路"工程保险承保联合机制,为中国企业在海内外实施重大工程和能源项目提供多款再保险新产品和综合服务。

近年来,"一带一路"基础设施建设投资和贸易的规模不断扩大,在建工程规模已超万亿美元,保险业则不断加强对"一带一路"的渗透度和覆盖面,中国保险业市场规模也迅速扩大,至 2019 年全年共实现原保费收入 4.3 万亿元人民币。从保费收入来看,我国保险业目前仅次于美国和日本,是世界第三大保险市场。财险保险先后为中国企业承建的发电厂、水泥厂、矿业、桥梁、高速公路等提供建安工程险、财产一切险、能源险、雇主责任险、货运险、船舶险、政治与恐怖风险系列险种和保险服务。"一带一路"沿线大部分国家是新兴国家和发展中国家,保险业发展水平普遍落后,如中亚和中东地区的保险深度仅为 1.5%,中欧和东欧地区的保险深度也仅为 2%,远低于世界平均保险深度 6.1%,中国保险业务已覆盖到俄罗斯、哈萨克斯坦、吉尔吉斯斯坦、新加坡、印度尼西亚、缅甸、柬埔寨、越南、伊朗、伊拉克、沙特阿拉伯、巴基斯坦、斯里兰卡、尼泊尔等多个沿线国家,还通过设立海外分支机构或与其他海外保险企业合作承保"一带一路"的建设项目(如神华国华关于印度尼西亚南苏煤电项目等),为风险因素繁多的涉外项目保驾护航。而且通过不断创新保险产品(如"一带一路"专属医疗和安全救助保险、互联网保险、科技保险等),提升保险保障和服务能力。

11.2 运用保险机制的现实路径与方法

中国提出"一带一路"谋求和平、交流、理解、包容、合作、共赢精神,保险既具备"我为人人、人人为我"的互助机理,又为国际惯用的柔性经济制度,尤为重要的是运用保险机制可在全球范围内广泛分散风险,为"一带一路"工程持续、稳健地推进建立良好的安全保障机制,同时提升我国保险的国际地位和专业能力。保险业应积极响应"一带一路"的号召,在制度、法律、产品与服务、创新方面积极布局,为"一带一路"建设的可持续发展保驾护航。

11.2.1 注重保险制度安排

"一带一路"建设是以市场机制为主的巨大工程,保险作为转化风险的有效手段和融资工具,为市场经济条件下各国商贸投资所通用,运用保险制度联结国家、企业及民众利益也是国际惯例。因此,应注重保险制度安排,将保险嵌入"一带一路"顶层设计,建立互保、共保之类的多边合作形式,如"一带一路"项目共同保险体和分保机制。这种机制一方面可以将风险分散,避免出现保单损失过大,造成某一个体保险公司需要承受巨额赔付,另一方面,这一机制扩大了整体承保能力,项目共同保险体能够承保"一带一路"中原本个体保险公司承保不了的大型保险项目。此外,需要推动"一带一路"沿线国家金融业统一征信平台建设,加快金融监管部门信用信息的交换与共享,进一步扩大信用记录的覆盖面,将参与"一带一路"建设的企业和个人均纳入征信系统中,加大对参与"一带一路"企业和个人金融失信行为的惩戒力度。参与"一带一路"建设的企业和个人繁多,如果保险公司仅靠自己的力量进行信用评估,耗时耗力且难以得到准确的结果。统一征信平台的建设为保险公司提供了更多的数据支持,有助于保险公司快速对被保险人进行风险评估,可以进一步降低出口信用保险的成本。"一带一路"战略中跨境投资贸易是主要载体,在跨境投资贸易过程中不同国家之间由于政治、文化以及民族宗教的差异,存在较多的政治、经济、法律的风险。政府和保险企业要把保险方案嵌入境外投资综合服务平台,以保障跨境投资贸易的平稳运行。最后,当前我国企业在海外有不少投资项目因环境风险问题而损失惨重,这里面既包括发达国家也包括很多新兴市场国家,多与不熟悉东道国相关法律法规政策有关,又与中国企业在投资前对东道国的环境保险制度不了解有关,我们应尽快与国际接轨,科普环境责任保险,加快落实部分必要企业的环境责任保险强制参保,从而减少因环境风险问题为企业带来的损失。

11.2.2 健全法律法规体系

"一带一路"建设中海外投资保险和出口信用保险发挥着重要作用。虽然保险合同本身具有法律效益,但是在很多情况下海外投资保险和出口信用保险涉及其他国家。复杂的法律争端下,模糊的合同规定难以保障投保双方的利益,相关保险的正式法律条文是必不可少的。然而,目前我国尚未建立关于海外投资保险和出口信用保险的正式法律条文,相关的政策也十分缺乏。相关部门应该积极应对,借鉴国外成功案例,并结合我国实际情况,将缺失的海外投资保险法和出口信用保险法填补进来,从而形成更加健全的保险法律体系。立法应明确承保条件及承保范围、保险责任与作用、投保双方的权利与义务、费率厘定依据等基础的保险法规,同时还应该考虑到海外投资保险和出口信用保险涉及其他国家的特性,将政治风险的要素包含进来。

11.2.3 对接、综合保险产品

"一带一路"涵盖交通运输、石油装备、电力工程、房屋建设、通信设备等多个重要领域的大型项目,兼具人力、财力、物力的巨大投入,在建设、流通、交接等多个过程中面临着各类复杂的风险。保险作为一种有效的风险转移工具,具有比较齐全的产品与服务来应对这些风险，政府、企业应充分识别风险，然后利用合适的保险工具予以应对。同时，保险公司与相关部门应该主动衔接保险产品与保险需求，解决好供需匹配的问题，如国际贸易—海上保险—国际结算的一揽子保险。当前面对最急迫也最难应对的政治风险、信用风险，如汇兑限制、政治暴乱、战争和征收，以及开证行破产，买方破产、拖欠、拒收等，从传统保险来说大多为不可保风险，但从投融资到运营过程保险可分解、转化部分风险承保，还可利用保险国际化的风险识别和预警手段，防患于未然。这样做虽然不能将这些不可保风险彻底消除，但能在一定程度上分散部分不可保风险，减轻不可保风险给企业带来的损失。

11.2.4 延伸、拓展保险服务

一直以来，海外机构数量不足限制了保险海外服务的开展，尽管近年有所增加，但相对"一带一路"沿线国家巨大的保障需求和服务来看，仍杯水车薪。因此，必须加快推动国内有条件的保险机构"走出去"，在"一带一路"沿线国家重点区域铺设机构网点，为"一带一路"保险服务提供有效载体，加强国际合作，如提供在多国环境下的一揽子保障规划。真正把分支机构设置在海外，能有利于保险机构接触项目所处当地的风险环境，从而更为清晰地、深入地了解项目的风险点。无论是投前的核保还是投后的核赔、理赔都能因此更加高效。

跨境并购风险已成为中国企业在进行"一带一路"海外投资时需要考虑的最重要的风险之一。因此，利用保险风险管理的长处规避跨境并购风险十分必要、非常可行，保险的风险评估服务、责任保险、信用保证保险，加上国际再保险转嫁风险，能大大地提高企业战略并购成效，也在其过程中增强我国境外保险服务规模和能力。此外，"一带一路"沿线地区是各种自然灾害频发区域，探索风险预警、防灾防损一

体通用的保险机制等,更加全面且系统地连接"一带一路"建设也是必要和可行的。

11.2.5 创新合作,实现"1+1>2"

"一带一路"沿线国家国情差异大,中外资保险合作可优势互补,提供的保障也更全更强。因此,政府和保险机构应该积极打造"一带一路"保险交流合作平台,建立健全协同推进机制,中资外资合作分工,同建运营服务,共享网络、数据,打造金融闭环。与其他国家相互合作的同时,保险机构还应促进与银行的合作,保险企业与银行合作,在基本风险保障之上能够为企业提供更多的增值服务,提高企业在海外投资、工程承保等领域的竞争力。

面对多数沿线国家可能遭受的自然灾害和意外事故巨灾风险,相应的对策就是保险机构间可以组建行业战略联盟,建立"一带一路"巨灾保险基金,在加强区域保险行业的交流与合作的同时实现更大程度的巨灾风险分散。政府积极牵线撮合成立"一带一路"再保险中心,由于"一带一路"项目涉及的保险金额很大,较小的保险公司难以承担风险损失,成立再保险中心有助于提升"一带一路"区域内的保险供给能力,能够更好地满足区域保险需求。在保险监管方面,保险监管体系逐步与国际接轨。面对全球新冠肺炎蔓延,需促进保险与风险管理服务创新,包括互通互联线上、线下保险交易、投保互惠和沟通便利化;为逐步恢复国际贸易,可组建"一带一路"独联体、南亚、东盟 10 国等的保险"辛迪加"、组建国际联运保险协会等,共同应对风险。

11.3 保险工具的创新应用

如本书第 6~8 章实证分析表明:由于历史的、经济社会与地缘政治的、法律制度与商贸习惯，以及宗教文化等诸多不同与差异，沿线国家（含地区）多数政治风险、经济风险较高，且多处于转型期，社会稳定性、商业发展环境等均有待完善。但传统商业保险，对于投资和大部分商业风险，由于它们与人为因素故意因素有关，属于不可保风险，因而从一定意义上说，"一带一路"投资、贸易保险均具创新意义，但其创新多数建立在传统产品基础之上或基于原理的升级换代。

11.3.1　建筑工程、安装工程保险

"一带一路"投资首先是建设系列巨大的工程，它不仅体量大，覆盖范围广且周期长，当今世界传统和非传统风险交织，保险保障必不可少。现有的建筑工程、安装工程一切险可为基本选择，它们可承保由于自然灾害或意外事故而引起的一切损失。前者指建造过程中的风险，后者是针对各种设备、装置的安装工程风险。此外保险公司还可提供一揽子保险服务。

建筑工程一切险承保的风险涉及广泛，其责任可分为物质损失险和第三者责任险。物质损失保险责任包括在保险期间内，保险财产在列明的范围内，除保险合同免责以外的任何自然灾害或意外事故造成的物质损坏或灭失。第三者责任保险则承担因发生与保险合同所承保工程直接相关的意外事故引起工地内及邻近区域的第三者人身伤亡、疾病或财产损失，依法应由被保险人赔偿的经济损失。建工险对于各种建筑工程项目提供了全面的保障措施，既对不管是在施工期间工程本身、施工机具还是工地设备等所遭受的损失一律予以赔偿，也对由于施工而给第三者所造成的物资损失或者人员伤亡承担相应的赔偿责任。

安装工程保险承保新建、扩建或改建的机器设备或钢结构建筑物等的整个安装、调试期间的一切危险（除外免责条款规定）造成保险财

产的物质损失、间接费用以及安装期间造成的第三者财产损失或人身伤亡而依法应由被保险人承担的经济责任。

一揽子保险服务是指除工程险外，施工人员意外险、预期利润损失险、雇主责任险等一揽子保险产品作为补充产品，满足企业在技术装备输出、工程建筑安装、项目管理、货品运输、雇主责任、人员意外等系列风险保障需求。

"一带一路"建设还有资源开发项目，其中保险提供的资源开发险就非常适用。它指以石油、矿石等从勘探到建成、生产整个开发过程中的风险为承保责任，以工程所有人或承包人为被保险人的一种特殊风险保险。如海洋石油开发，则可有钻井平台一切险、钻井船一切险、平台钻井机一切险、油管保险、保赔保险、承租人责任、第三者责任险、海洋石油开发工程建造险、井喷控制费用保险、重钻费用保险等。

以上系列工程保险的主要作用：首先，对于"一带一路"建设工程，它通常耗资较大、周期较长，一旦发生事故往往导致重大经济损失，企业难以独自应对，而工程保险可以有效地转移这部分风险，转嫁企业因风险事故所带来的巨额损失；其次，防损减灾是保险公司承保服务的重要环节之一，保险公司通过凭借其专业的风险防控技术及其丰富的保险工作经验，积极参与到投保人的风险管理工作中去，对工程的施工、设备的安装进行必要的监督，并针对投保的项目、投保人的资质、信誉进行全面的审查和监督，从而可以有效降低工程风险事故发生率。最后，无论建筑工程还是安装工程均面临系列风险，而一揽子保险服务能提供全面保险服务。

11.3.2 特定和特殊的企业财产险

企业财产损失险是以企业有形财产为保险标的。对因火灾及保险单中列明的各种自然灾害和意外事故引起的保险标的的直接损失、从属或后果损失和与之相关联的费用损失提供经济补偿的财产保险。在"一带一路"建设中，企业多有特定和特殊物质保险需求，保险工具可有以下三个。

11.3.2.1　仓储或储备物资保险

一般而言，仓储保险按保险标的分类可以分为两类：保仓库货物的保险，承担仓库货物因为火灾、台风、暴雨等自然灾害以及意外事故造成的损失；保仓库本身房屋及附属设施的损失。仓储或储备物资保险主要有几种：（1）财产一切险是指在保险期限内，对保险财产因自然灾害或意外事故造成的直接物质损失或者灭失进行赔偿的一类险种。（2）财产综合险是指在保险期限内，对保险财产因经常发生的火灾、爆炸、雷雨等自然灾害所造成的损失的进行赔偿的一类险种。同时，财产综合险对于为抢救保险标的或防止灾害蔓延，采取必要的、合理的措施而造成保险标的的损失，保险人也应按照保险合同的约定负责赔偿。（3）财产基本险是指在保险期限内，对保险财产因规定的几种具体情形所造成的财产损失进行赔偿的一类险种。其中对于投保人为防止损失的扩大而进行的合理之处也是属于赔偿范围之内的。

11.3.2.2　能源物资保险

能源物资可视为特殊物资财产，其中相当部分也为国家战略物资。以石油及天然气为例，其运输、储存涉及的环节多、流程长，面临的不确定性损失可能性大，自然灾害或意外事故为损失主因，通常国际惯例做法是将这些风险转嫁给保险人，如运输管线保险、仓储或储备物资保险等。运输管线保险以管道内运输的相关能源为保险标的，承保运输管道发生破裂进而引发的损失。责任包括火灾、爆炸、雷电、冰雹、暴雨、洪水、地震、海啸、地陷或由于意外的原因，包括因施救和保护保险标的所支付的直接合理的费用。

11.3.2.3　钻井平台保险

通常，钻井平台一切险承保被保险财产的一切物质损失。其保险标的为固定钻井平台装置，包括平台本身、人行道、登陆斜梯（系缆机除外），以及置放在平台上的为被保险人所有的或由被保险人负责经营或保管的各种财产。钻井平台因设计不当引起的损失，经与保险人协商也可投保；它的保险责任是保险标的在保险单载明的地区范围之内，由于外来风险所致的直接物质损失，包括保险标的离开平台设施时在其储存期间或往返港口和平台设施之间的运输中所导致的直接物质损失；包括保险标的发生保险事故后，保险人对于被保险人为减少损失所支付的施救费用。

11.3.3　货物运输保险

它指以运输过程中的货物（物资）作为保险标的，保险人承保因自然灾害或意外事故造成的损失。有海洋运输、陆上运输、航空运输保险；有国内运输和涉外运输保险，"一带一路"为后者；按照承保责任分为基本保险和综合保险。运输保险的基本责任包括火灾、爆炸、雷电、冰雹、暴风、暴雨、洪水、海啸、破坏性地震、地面突然塌陷、突发性滑坡、崖崩、泥石流；因运输工具发生火灾、爆炸、碰撞造成所载被保险货物的损失，以及运输工具在危险中发生卸载对所载货物造成的损失以及支付的合理费用；在装货、卸货或转载时发生意外事故所造成的损失；利用船舶运输时，因船舶搁浅、触礁、倾覆、沉没或遇到码头坍塌所造成的损失；利用火车、汽车、大车、板车运输时，因车辆倾覆、出轨、隧道和码头坍塌或人力、畜力的失足所造成的损失；利用飞机运输时，因飞机遭受碰撞、倾覆、坠落、失踪（在 3 个月以上），在危险中发生卸载,以及遭受恶劣天气或其他危难事故,发生抛弃行为所造成的损失;在发生上述灾害或事故时,遭受盗窃或在纷乱中造成被保险货物的损失;在发生保险责任事故时,因施救或保护被保险货物支出的直接的合理费用。

货物运输保险的主要作用在于能够及时补偿在运输中的货物因自然灾害事故而遭受的经济损失,有利于商品生产和流通顺利进行;把不确定的损失变成了固定的保费支出,有利于企业进行生产或营业成本核算,增强企业的财务稳定性;可以促进运输过程中的安全防损工作。

11.3.4 相关责任保险

责任保险是保险人承保致害人(被保险人)对受害人(第三者)依法应承担的损害赔偿责任。以被保险人对他人依法应负的民事赔偿责任为保险人责任,它承担被保险人的过失侵权民事责任。虽然它通常对故意行为造成的损害和合同违约不负责任,但国内现行责任保险对多行业、职业的责任风险已拓宽了承保范围,特别是一些政府支持的项目,多以政策性保险形式承保。责任保险的承保方式有两种:一种是作为其他保险的组成部分或附加部分,不作为主要险别单独承保,如汽车保险中的第三人责任;另一种则作为主险单独承保,国内主要有公众责任保险、产品责任保险、雇主责任保险、职业责任保险四类。

11.3.4.1 公众责任保险

公众责任保险是对机关、企事业单位及个人在经济活动过程中因疏忽或意外事故造成他人人身伤亡或财产损失进行承保的一种责任保险,适用于一切可能造成他人财产损失与人身伤亡的各种单位、家庭或个人。具体而言,主要包括各种公众活动场所的所有者、经营管理者。如体育场、影剧院、市政机关、城市各种公用设施等;各种产品的生产者、销售者、维修者；各类运输工具的所有者、经营管理者或驾驶员；各种需要雇用员工的法人或个人；各种提供职业技术服务的单位；城乡居民家庭或个人，只要可能导致公众的人身或财产损害，就负有相应的法定赔偿责任，从而需要且可以通过责任保险的方式向保险公司转嫁风险。公众责任保险适用范围较广，表现形式丰富，主要有普通责任、综合责任、场所责任、环境污染责任等。

环境污染责任保险。它是以企业发生污染事故对第三者造成的损害依法应承担的赔偿责任为标的的保险。

人身伤害责任保险。在各种工程项目的建设过程中，也存在着民事责任事故危险，建设工程的所有者、承包者等，亦对相关责任事故危险具有保险利益，如承包人责任保险；各单位场所（即非公众活动场所）也存在着公众责任危险，企业等单位亦有投保公众责任保险的必要性。

发电站保险及风电保险。它针对发电站的责任和财产风险造成的损失提供保险补偿。有电站建筑安装工程保险、电站海运险、机器损坏与物质损失保险、电站责任险。如核电站保险主要承保责任是核风险，在现行所有财产保险中，保险人都将核风险列为除外责任。而核电站保险恰恰相反，不仅承保核风险造成的财产损失，而且还承保核风险所致的第三者责任。核电站风险高，保险公司多采用限制保额、共同保险、再保险（将风险分出到国际险市场）等方式承保。

风电保险是针对风电行业的一种商业保险。主要包括风电设备运输保险，风电场建设保险，风电场运营保险，风力发电机保险等。随着风电能源开发利用，风电保险将有更多的运用价值。

11.3.4.2 产品责任保险

产品责任保险指因产品本身的缺陷造成他人（一般是消费者）人

身或财产的损失为承保责任。产品责任险保障的是产品给他人造成的人身伤害或财产损失承担赔偿责任。产品责任保险国际通行,一般来说,零售商、批发商和制造商对由离开销售和生产场所的商品的使用或消费引起的伤害被认为是负有法律责任的。国外对产品责任实行的法律制度有两种,一种是以美国为代表的实行绝对责任制,另一种是以西欧、日本为代表的实行疏忽责任制,但发展趋势是实行绝对责任制。绝对责任制又称严格责任制,根据这种制度,一个人即使尽力做到适当注意以避免伤害他人,也要承担法律责任。换言之,一个人虽然没有明显的过错,但他对无辜的受害者仍需负赔偿责任。保险期我国通常为一年,国外有三年的。产品责任保险在发达国家是一个非常成熟的险种,在科技创新支持新产品开发方面,包括新药、疫苗试验、创新材料等。

创新材料保险。可承保"一带一路"建设采用新材料或首台套设备使用等的质量风险、责任风险之类。承保的质量风险主要指因新材料质量缺陷造成的合同用户企业更换或退货风险,责任风险则主要保障因新材料质量缺陷造成合同用户企业财产损失或发生人身伤亡风险。我国尝试采取生产首批次新材料的企业是保险补偿政策的支持对象。使用首批次新材料的企业是保险的受益方。新材料是指经过技术创新,品种规格、性能参数有重大突破,对国民经济、国防科技发展有重要意义的材料。首批次新材料是用户在首年度内购买使用目录内的同品种、同技术规格参数的新材料产品。主要涉及的材料为先进钢铁材料、先进有色金属材料、先进化工材料、先进无机非金属材料、高性能纤维及复合材料、稀土功能材料、先进半导体材料和新型显示材料、新型能源材料、前沿新材料等。我国目前试行的重点新材料首批次应用保险补偿机制有助于突破新材料应用的初期市场瓶颈,激活和释放下游行业对新材料产品的有效需求以及制造企业的生产活力。

11.3.4.3 雇主责任保险

雇主责任保险指被保险人所雇用的员工在受雇过程中，从事与被保险人经营业务有关的工作而遭受意外或患与业务有关的国家规定的职业性疾病，所致伤、残或死亡，被保险人根据《中华人民共和国劳动法》及劳动合同应承担的医药费用及经济赔偿责任，由保险公司在规定的赔偿限额内负责赔偿的一种保险。三资企业、私人企业、国内股份制公司，国有企业、事业单位、集体企业以及集体或个人承包的企业都需要为其所聘用的员工投保雇主责任险。涉外办企业还需与当地相关雇员保障要求相吻合。

复工复产（复市）综合保险。2020 年新冠肺炎全球爆发，各国疫情控制情况不一，恢复有快有慢，一些复工复产的地区和项目建设也面临人群集聚再次复发的风险，国内保险公司首先开发了复工复产（复市）综合保险，为重点工程项目或行业、企业员工感染法定传染病（包括新型冠状病毒肺炎）导致死亡、伤残、因疫情停工停产期间的员工工资、因疫情停工停产期间的员工隔离费用，以及因疫情、自然灾害和意外事故导致的财产物质损失、营业利润损失提供保障。

11.3.4.4 职业责任保险

职业责任保险是对特殊专业人员因工作上的疏忽或过失，造成他们的当事人或其他人的人身伤害或财产损失，需要承担经济赔偿责任而进行的责任保险。较为常见的有医师、会计师、律师、设计师、工程师等职业的责任保险。职业责任保险中占主要地位的险种，如医疗责任保险又称医生失职保险，它承保医务人员由于医疗事故而致病人死亡或伤残、病情加剧、痛苦增加等，受害人或其亲属要求赔偿的责任风险；律师责任保险承保被保险人作为一个律师在自己的能力范围内、职业服务中所发生的一切疏忽、错误或遗漏过失行为的责任风险。它包括一切侮辱、诽谤，以及赔偿被保险人在工作中发生的或造成的对第三者的人身伤害或财产损失；会计责任保险承保由于被保险人违反会计业务上应尽的责任和义务而使他人遭受损害，依法应负的赔偿责任等。职业责任保险的投保人不一定是被保险人本人。当提供专业技术服务的人员隶属于某个单位时，一般由其所在单位作为投保人投保，如律师事务所、医院、会计师事务所、建筑设计公司等。

11.3.5 信用和保证保险

信用保险和保证保险都是以信用风险为保险标的，它们是由保险人（保证人）为信用关系中的义务人（被保证人）提供信用担保的保险。信用保险是债权人作为投保人（也是被保险人）为避免债务人不能按约还款，转嫁风险给保险人的保险，自然由债权人（投保人）缴纳保险费，如出口信用保险货物就是出口方担心进口方拖欠货款而要求保险人为其提供保险；保证保险则是债权人为了规避风险，要求债务人先购买保证保险作为担保，如果债务人不能还款的话就需要保险公司代为赔付。而权利人投保义务人信用的保险业务又称信用保险，义务人投保自己信用的保险业务称作保证保险。

新冠肺炎疫情爆发后，国内出口信用保险创新服务为外贸企业提供预付款保险，保障防疫物资进口。针对疫情防控物资的进口需求，保险公司下放承保权限、放宽承保条件、简化承保流程、提升多项保险服务；保证保险则为中小企业恢复生产和营业、为创新提供贷款保证，等等。

11.3.6 补充人身保险

人身保险包含人寿保险、人身意外伤害保险、健康保险三大类，每大类险又含有多个险种，同时各类险种又可有多种组合，使得人身险产品琳琅满目复杂难选。而"一带一路"走出去的企业，可依据所到国家风险特点和保险要求，选择团体补充保险。

11.3.6.1 意外伤害保险

它是为被保险人在没有预见或违背自身意愿情况下，突然发生的外来致害物对其身体造成明显的、剧烈的侵害提供死亡、残疾或医疗费用保障。意外伤害的风险因素多见机械伤害、自然伤害、化学伤害、生物伤害（包括野兽、家畜、花粉等对人体的伤害）等。对于劳务人员较多的企业，尤其应积极购买团体人身意外伤害保险，该保险即一个团体内的全部或大部分成员集体向保险公司办理投保手续，以一张保单承保的意外伤害保险。与个人意外伤害保险相比，团体意外伤害保险具有简化手续、节省费用、理赔较便捷等优越性，在保险责任相同的条件下，团体意外伤害保险的费率要比个人意外伤害保险还要低一些，由于它责任单纯，价格低廉，一般与医疗保险组合。

11.3.6.2 医疗保险

国内商业医疗保险多数时候是对基本医疗保险（社会医疗保险）的补充。它指基本医疗（社会）给付限度或责任以外的一定范围和额度的医疗费用保险。它与社会保障医疗体系对接，可大大提高被保险人的医疗健康保障。常见如意外伤害医疗保险、门急诊费用保险、住院医疗保险、住院津贴等，商业医疗保险多以附加险或综合人身保险形式。例如，新冠肺炎爆发后，我国社会医疗承担了救治费用，保险公司则对确诊之前的相关费用、住院津贴、检测及疾病复发等作为补充保障。

11.3.6.3 疾病保险

疾病保险主要分为患病保险和疾病预防保险。前者如重大疾病保险，即保险期内罹患某种类疾病（原未患有），经医院诊断确立，被保险人即可得到给付，最初主要对心肌梗塞、冠状动脉搭桥术、脑血管疾病、慢性肾功能衰竭、四肢瘫痪、重大器官移植及恶性肿瘤 7 种疾病，但随着实践发展，现诸如爆发性肝炎、严重烧伤、重大眼疾、肺栓塞等三十多个种类甚至更多疾病，其中一部分也是突发公共卫生事件风险源；还有新冠肺炎重症和危重症出现的一些类似"急性呼吸窘迫综合征""肺炎造成深度昏迷或中度昏迷"等，现均包含在常见的重疾险中，此次国内还有不少保险公司直接扩展了新冠肺炎疾病责任。疾病保险的另一类型是疾病预防保险，包括传染病预防和普通病预防保险，传染病预防保险对发展中国家人群易感的传染病均有保障。

11.3.6.4　失能收入损失保险

以因保险合同约定的疾病或者意外伤害导致工作能力丧失为给付保险金条件，为被保险人在一定时期内收入减少或者中断提供保障的保险。失能收入损失保险又称为失能保险、残疾收入保险、收入补偿保险等，其主要目的是为被保险人因丧失工作能力导致收入方面的丧失或减少提供经济上的保障。按照承保对象不同，可有个人和团体失能收入损失保险。按照给付期间不同，可以有短期和长期失能收入损失保险。

11.4　"一带一路"建设背景下的保险应用展望

尽管当今世界以美国挑起的"贸易战"和新冠肺炎疫情蔓延，使得原本错综复杂的政治经济形势更加动荡不安，国际市场面临极大的不确定性，国内经济也遭受重创，"一带一路"建设面临种种风险和挑战。但从一定意义上来说，它也催生激发了风险管理和保险潜在需求，加上科技发展日新月异，可以预见未来保险在与互联网、人工智能、大数据、物联网、云计算、区块链等新兴技术充分结合基础上，为包括"一带一路"建设在内的经济社会发展提供更好的产品和更优的服务。

新冠肺炎疫情全球爆发使各国贸易活动受到明显影响，但从国内抗疫成功经验看,利用互联网的贸易活动和大众消费有增无减,与此同时,以第三产业为主的互联网服务创新焕发巨大市场活力,依托互联网,首先拓展贸易信用保险的线上业务范围,特别是大力发展中长期互联网贸易,改善现有海外投资保险的制度设计和运行,开发外汇保险、海外无捆绑贷款保险、"一带一路"项目共同保险体和互保共保机制线上平台,以及沿线国家金融业统一征信平台建设、境外综合保险服务平台等创新产品和服务,涉外保险市场将逐步繁荣发展。

保险科技是未来保险创新的重要推动力。大数据、云计算、区块链、人工智能、物联网等新兴技术将与保险业充分结合,在保险应用端,尤其大数据在保险业最重要的应用——定制保险产品,也就是结合客户的相关数据,通过大数据分析设计相应的保险产品来满足客户的个性需求,这种有着更强针对性的保险产品,对"一带一路"项目及其相关服务无疑是"必需品"。云计算在保险公司已经取得了多个应用,如信用管理、保险产品推广、业务运营等。信用管理领域,保险公司在进行信用风险管理时可以运用云计算技术将不同的平台通过标准化的接口进行无缝对接,从而实现全面的信用管理;区块链最大的特点在于数据可以多方共享、可以追溯,并能确保数据的真实性和唯一性,基于这些特点,区块链在保险服务"一带一路"互联网贸易领域具有很大开发和应用潜力,它确保卡单的真实性和唯一性,还能方便后续流程,比如理赔流程等,这些都是国际贸易所期盼解决的重要问题。

保险既是市场经济条件下的一种有效机制,又是国际商业活动惯例工具,无论对政府、企业及个人均能提供全过程和全方位的风险管理服务和保险产品选择。可以预见,保险业的未来,无论是服务于"一带一路"建设,还是在我国对外开放、经济社会发展的方方面面均具有更加广阔的发展前景。

参考文献

［1］国家发展改革委，外交部，商务部．推动共建丝绸之路经济带和 21 世纪海上丝绸之路的愿景与行动［EB/OL］．［2015－04－01］http：//www. mofcom. gov. cn/article/resume/n/201504/20150400929655. shtm.

［2］张卓元．政治经济学大辞典［M］．北京：经济科学出版社，1998.

［3］国家开发银行，联合国开发计划署，北京大学．"一带一路"经济发展报告［M］．北京：中国社会科学出版社，2019.

［4］国家信息中心"一带一路"大数据中心．"一带一路"大数据报告（2018）［M］．北京：商务印书馆，2017.

［5］高剑波．"一带一路"大数据定量分析——任务，挑战及解决方案［M］．北京：科学出版社，2019.

［6］胡鞍钢，马伟，等．"丝绸之路经济带"：战略内涵，定位和实现路径［J］．新疆师范大学学报（哲学社会科学版），2014，35（2）：1－11.

［7］巴曙松，王志峰．"一带一路"沿线经济金融环境与我国银行

业的国际化发展战略［J］. 兰州大学学报（社会科学版），2015（5）：38－49.

［8］任理轩. 逆全球化违背时代潮流［N］. 人民日报，2018－10－17.

［9］刘卫东. "一带一路"战略的科学内涵与科学问题［J］. 地理科学进展，2015，34（5）：539－540.

［10］中国银行业监督管理委员会. 银行监管的国际标准——有效银行监管核心原则暨核心原则评估方法［M］. 上海：复旦大学出版社，2007.

［11］米歇尔·沃尔德罗普. 混沌：诞生于秩序与混沌边缘的科学［M］. 陈玲，译. 北京：生活·读书·新知三联书店，1997.

［12］李金华. 分享经济学理论下"一带一路"建设的现实思考［J］. 经济经纬，2017，34（1）.

［13］杨学进. 出口信用保险国家风险评价［M］. 北京：经济科学出版社，2004.

［14］黄小勇，陈运平. 基于共生理论的区域经济包容性增长文献综述［J］. 华东经济管理，2012，26（7）.

［15］徐莹亮，路昊阳. 关于国别风险与主权风险的若干思考［J］. 新金融，2012（3）：14－17.

［16］盛斌. 世界贸易体系变革中的风险与发展中国家面临的挑战［J］. 世界经济，2004（3）.

［17］贾真. 出口信用保险中的国家风险评价［D］. 北京：对外经济贸易大学，2005.

［18］杨丽梅. 对外投资的风险和风险管理［J］. 经济师，2006（3）：39－40.

[19] 聂名华. 中国企业对外直接投资风险分析 [J]. 经济管理, 2009 (8): 52-56.

[20] 鲁晓东, 赵奇伟. 中国的出口潜力及其影响因素——基于随机前沿引力模型的估计 [J]. 数量经济技术经济研究, 2010 (10): 21-35.

[21] 魏巧琴, 李晓洁. 国家风险对我国出口贸易效应的实证分析 [J]. 保险研究, 2010 (10).

[22] 李建平, 孙晓蕾, 等. 国家风险评级的问题分析与战略思考 [J]. 中国科学院院刊, 2011 (3): 245-251.

[23] 陈秀莲. 中国与东盟国家服务贸易互补性的研究 [J]. 财贸经济, 2011 (6): 74-80.

[24] 王海军, 高明, 国家经济风险与中国企业对外直接投资: 基于结构效应的实证分析 [J]. 经济体制改革, 2012 (2): 113-117.

[25] 姚凯, 张萍. 中国企业对外投资的政治风险及量化评估模型 [J]. 经济理论与经济管理, 2012 (5): 103-111.

[26] 娄春伟. 基于多目标决策与数据挖掘融合方法的主权信用风险评估研究 [D]. 成都: 电子科技大学, 2012.

[27] 陈菲琼, 钟芳芳. 中国海外直接投资政治风险预警系统研究 [J]. 浙江大学学报: 人文社会科学版, 2012 (1): 87-99.

[28] 胡兵, 李柯. 国家经济风险对中国 OFDI 的影响——以东道国经济发展水平为门槛变量的实证分析 [J]. 广西财经学院学报, 2012 (6).

[29] 邱立成, 赵成真, 制度环境差异, 对外直接投资与风险防范: 中国例证 [J]. 国际贸易问题, 2012 (12): 112-122.

[30] 李开盛, 薛力. 非传统安全理论: 概念, 流派与特征 [J].

国际政治研究, 2012 (2).

[31] 魏琪嘉. "一带一路" 风险分析及应对建议 [J]. 国际金融, 2015 (12): 37-40.

[32] 李豫新, 等. 新经济地理理论视域下地区差距的形成机制及政策启示 [J]. 经济体制改革, 2014 (5).

[33] 孙晓蕾, 杨玉英. 系统性风险动态特征与国家风险评级差异性——以金砖五国为例 [J]. 管理科学学报, 2014, 17 (11): 57-68.

[34] 孟凡臣, 蒋帆. 中国对外直接投资政治风险量化评价研究 [J]. 国际商务研究, 2014 (5): 87-96.

[35] 金玲. "一带一路": 中国的马歇尔计划? [J]. 国际问题研究, 2015 (1): 88-99.

[36] 孟醒, 董有德. 社会政治风险与我国企业对外直接投资的区位选择 [J]. 国际贸易问题, 2015 (4): 106-115.

[37] 佟钧. 在服务 "一带一路" 中注意规避国际税收风险——访国家税务总局国际税务司副司长王晓悦 [J]. 注册税务师, 2015 (8): 18-19.

[38] 崔日明, 黄英婉. "一带一路" 沿线国家贸易投资便利化评价指标体系研究 [J]. 国际贸易问题, 2016 (9): 153-164.

[39] 毛振华, 阎衍, 等. "一带一路" 沿线国家主权信用风险报告 [M]. 北京: 经济日报出版社, 2015.

[40] 刘艳, 黄翔. "一带一路" 建设中国家风险的防控——基于国际法的视角 [J]. 国际经济合作, 2015 (8): 26-31.

[41] 胡俊超, 王丹丹. "一带一路" 沿线国家国别风险研究 [J]. 经济问题, 2016 (5).

[42] 赵先进，王卫竹．共建"一带一路"背景下跨境电商物流协作发展研究 [J]．价格理论与实践，2018（5）：159－162．

[43] 尹晨，周薪吉，等．"一带一路"海外投资风险及其管理——兼论在上海自贸区设立国家级风险管理中心 [J]．复旦学报（社会科学版），2018（2）．

[44] 杨柳，张友棠．"一带一路"国家金融生态多样性与中国对外直接投资 [J]．财会月刊，2018（8）：157－163．

[45] 卢剑峰，李玉龙，范潇允．经济结构对经济成长与主权信用评级的影响分析 [J]．渤海大学学报．2013（2）：46－49．

[46] 刘洪铎，陈晓珊．中国与"一带一路"沿线国家出口贸易联系的稳定性及其影响因素研究 [J]．国际经贸探索，2018（3）．

[47] 王拓，刘晓峰．"一带一路"战略背景下我国服务贸易促进体系构建及政策建议 [J]．现代管理科学，2016（1），76－78．

[48] 王玉主，蒋芳菲．特朗普政府的经济单边主义及其影响 [J]．国际问题研究，2019（4）：110－122．

[49] 王稳，张阳，等．2015年全球主权信用风险评级研究 [J]．保险研究，2016（4）．

[50] 李鲁，刘乃全，刘学华．园区出海服务"一带一路"的逻辑与对策：以上海为例 [J]．外国经济与管理，2017（7）．

[51] 周咏梅．财政透明度，信用评级与地方政府债券融资成本 [J]．江西财经大学学报，2018（1）：41－49．

[52] 樊增强．中国企业对非直接投资面临的风险及其化解 [J]．中国流通经济，2017（3）．

[53] 周正祥，张桢禛．长江中游城市群可持续发展对策研究 [J]．中国软科学，2016（11）：84－96．

［54］王永中，李曦晨．中国对"一带一路"沿线国家投资风险评估［J］．开放导报，2015（4）：30－34.

［55］蒋志刚．"一带一路"建设中的金融支持主导作用［J］．国际经济合作，2014（9）：59－62.

［56］安宇宏．"一带一路"战略［J］．宏观经济管理，2015（1）．

［57］赵先进，王卫竹．共建"一带一路"背景下跨境电商物流协作发展研究［J］．价格理论与实践，2018（5）：159－162.

［58］王正文，但钰宛，等．国家风险，出口贸易与对外直接投资互动关系研究——以中国"一带一路"国家为例［J］．保险研究，2018（11）．

［59］耿协峰，"一带一路"遭受的地缘冷战思维挑战及其思想根源［J］．国际观察，2019（6）：69－83.

［60］汪瑶，王文杰，傅昌，梁晓晖，毛宗福．中国与"一带一路"沿线国家卫生合作研究及启示［J］．中国卫生政策研究，2018（10）．

［61］张夏恒．一带一路"倡议下跨境电商与跨境物流协同研究［J］．当代经济管理，2019（2）．

［62］邱增辉，蒋祎，等．"一带一路"国家公共卫生与卫生服务现况［J］．中国公共卫生，2019（8）．

［63］许劲，曹阳，于全辉．"一带一路"背景下中国对外承包工程的国别环境评价研究［J］．重庆大学学报（社会科学版），2019（5）．

［64］徐鹤，齐曼古丽·依里哈木，姚荣，吴婧．"一带一路"战略的环境风险分析与应对策略［J］．中国环境管理，2016（2）．

[65] 周伟，陈昭，等. 中国在"一带一路"OFDI 的国家风险研究：基于 39 个沿线东道国的量化评价 [J]. 世界经济研究，2017 (8).

[66] 李明明，秦凤鸣. 中国信用评级业市场结构探析 [J]. 经济经纬，2017，34 (3)：153 – 158.

[67] 何啸风，冯青海. 法律服务出海以保障企业参与"一带一路"建设的对策建议 [J]. 国际商务，2020 (4).

[68] 李斌，李玉芳. 中国企业"一带一路"背景下的跨国并购绩效研究 [J]. 中国商论，2020 (8).

[69] 李振福，丁超君，李诗悦. "通权论"的理论基础与实践进路研究 [J]. 学术探索，2020 (4)：30 – 38.

[70] Aizenman J. Volatility, Employment and the Patterns of FDI in Emerging Markets [J]. Journal of Development Economics, 2003, 72.

[71] Almahmood A I. Country Risk Ratings and Stock Market Movements: Evidence from Emerging Economy [J]. International Journal of Economics & Finance, 2014, 6 (10).

[72] Alfaro L, Kanczuk F. Sovereign Debt as a Contingent Caim: a Quantitative Approach [J]. Journal of International Economics, 2005, 65 (2).

[73] Anderson J E, Marcouiller D. Insecurity and the Pattern of Trade: An Empirical Investigation [J]. Review of Economics and Statistics, 2002, 84 (2)：342 – 352.

[74] Asiedu E, Jin Y, Nandwa B. Does Foreign Aid Mitigate the Adverse Effect of Expropriation Risk on Foreign Direct Investment? [J]. SSRN Electronic Journal, 2008, 78 (2)：268 – 275.

［75］ Bennett P D, Green R T. Political Instability as a Determinant of Direct Foreign Investment in Marketing ［J］. Journal of Marketing Research, 1972, 9 (2): 182.

［76］ Bouchet M. H. , Clark E. Groslanbert B. . Country Risk Assessment: A Guide to Global Investment Strategy ［M］. Wiley: New Jersey, America, 2003.

［77］ Busse M, Hefeker C. Political Risk, Institutions and Foreign Direct Investment ［J］. SSRN Electronic Journal, 2005.

［78］ Choi J. J. , Jeon B. N. Financial Factors in Foreign Directinvestments: A Dynamic Analysis of International Data ［J］. Research in International Business and Finance, 2007, 21 (1): 1 – 18.

［79］ Cooper, John C B. Artificial Neural Networks Versus Multivariate Statistics: An Application from Economics ［J］. Journal of Applied Statistics, 1999, 26 (8): 909 – 921.

［80］ David Greenaway, Jagdish Bhagwati, Hugh T. Patrick. Aggressive Unilateralism: America's 301 Trade Policy and the World Trading System ［J］. Economic Journal, 1992, 102 (410): 185.

［81］ Doumpos M, Pentaraki K, Zopounidis C, et al. Assessing Country Risk Using a Multi - group Discrimination Method: a Comparative Analysis ［M］// Decision Making: Recent Developments and Worldwide Applications. Springer US, 2000.

［82］ Duncan H Meldrum. Country Risk and Foreign Direct Investment. Business Economics, 2000, 6 (2) : 11 – 20.

［83］ Dutta N, Roy S. Foreign Direct Investment, Financial Development and Political Risks ［J］. The Journal of Developing Areas, 2011, 44

(2): 303 – 327.

[84] Egger P, Winner H. Evidence on Corruption as an Incentive for Foreign Direct Investment [J]. European Journal of Political Economy, 2005, 21 (4): 932 – 952.

[85] Erb C B, Harvey C R, Viskanta T E. Political Risk, Economic Risk, and Financial Risk [J]. Financial Analysts Journal, 1996, 52 (6): 29 – 46.

[86] Frey B S, Schneider F G. Economic and Political Determinants of Foreign Direct Investment [J]. World Development, 1985, 13 (2): 161 – 175.

[87] Gestel T V, Baesens B, Dijcke P V, et al. Linear and Non – linear Credit Scoring by Combining Logistic Regression and Support Vector Machines [J]. Journal of Credit Risk, 2005, 1 (4).

[88] Gray R C. Barry Buzan and Lene Hansen, The Evolution of International Security Studies [J]. Intelligence and National Security, 2011, 26 (5): 752 – 754.

[89] Grosse R. Multinationals in Latin America [M]. Routledge, 1989.

[90] Harms P, Ursprung H. Do Civil and Political Repression Really Boost Foreign Direct Investments? [J]. CESifo Working Paper Series, 2001, 40 (4): 651 – 663.

[91] Hashmi M A, Guvenli T. Importance of Political Risk Assessment Function in U. S. Multinational Corporations [J]. Global Finance Journal, 1992, 3 (2): 137 – 144.

[92] Hammer P L, Kogan A, Lejeune M A. Modeling Country Risk

Ratings Using Partial Orders [J]. European Journal of Operational Research, 2006, 175 (2): 836 – 859.

[93] Haner F T. Rating Investment Risks Abroad [J]. Business Horizons, 1979, 22 (2): 18 – 23.

[94] Hayakawa K, Kimura F, Lee H H. How Does Country Risk Matter for Foreign Direct Investment? [J]. The Developing Economies, 2013, 51 (1): 60 – 78.

[95] Iloie, Elena R. Connections between FDI, Corruption Index and Country Risk Assessments in Central and Eastern Europe [J]. Procedia Economics and Finance, 2015, 32: 626 – 633.

[96] Jakobsen J. Old Problems Remain, New Ones Crop Up: Political Risk in the 21st Century [J]. Business Horizons, 2010, 53 (5).

[97] James Agarwal and Dorothee Feils. Political Risk and the Internationalization of Firms: An Empirical Study of Canadian – based Export and FDI Firms [J]. Canadian Journal of Administrative Science, 2007, 24 (3): 165 – 181.

[98] Kaptan K, Timurlenk O. Challenges for Science Education [J]. Procedia – Social and Behavioral Sciences, 2012, 51: 763 – 771.

[99] K. Handley, N. Limão. Trade under Trump Policies [M]. Economics and Policy in the Age of Trump, CEPR Press, 2017.

[100] Kim, W. C. , Hwang, P. Global Strategy and Multinationals' Entry Mode Choice [J]. Journal of International Business Studies, 1992, 23 (1): 29 – 53.

[101] Kobrin S J. Political Risk: A Review and Reconsideration [J]. Journal of International Business Studies, 1979, 10 (1): 67 – 80.

[102] Li Q. Chapter 11 Political Violence and Foreign Direct Investment [J]. Research in Global Strategic Management, 2006, 12 (12): 225 – 249.

[103] Lohman W. The Trump Administration's Trade Policy and the Implications for Southeast Asia [J]. Contemporary Southeast Asia: A Journal of International and Strategic Affairs, 2017, 39.

[104] Loree D W, Guisinger S E. Policy and Non – Policy Determinants of U. S. Equity Foreign Direct Investment [J]. Journal of International Business Studies, 1995, 26 (2): 281 – 299.

[105] Meldrum D H. Country Risk and Foreign Direct Investment [J]. Business Economics, 2000.

[106] Moser C, Nestmann T, Wedow M. Political Risk and Export Promotion: Evidence from Germany [J]. The World Economy, 2008, 31.

[107] Mollah Aminul Islam, Muhammad Asif Khan, József Popp, Wlodzimierz Sroka, Judit Oláh. Financial Development and Foreign Direct Investment—The Moderating Role of Quality Institutions [J]. MDPI, 2020, 12 (9).

[108] Moeller S B, Schlingemann F P, RENé M. STULZ. Wealth Destruction on a Massive Scale? A Study of Acquiring – Firm Returns in the Recent Merger Wave [J]. 2005, 60 (2): 757 – 782.

[109] Narich R. Traditional and Non – traditional Security Issues in Latin America: Evolution and Recent Developments [R/OL] https: //www. filesethz. Ch/Isn/15558/42 – Narich pdf.

[110] Nigh, Douglas. The Effect of Political Events on United States Direct Foreign Investment: A Pooled Time – Series Cross – Sectional Analysis

[J]. Journal of International Business Studies, 1985, 16 (1): 1 - 17.

[111] Quan L, Guoyong L. Political Relations and Chinese Outbound Direct Investment: Evidence from Firm - and Dyadic - Level Tests [J]. SS-RN Electronic Journal, 2012.

[112] Robock S H. Political Risk: Identification and Assessment [J]. Columbia Journal of World Business, 1971, 6 (4): 6 - 20.

[113] Root F R. The Expropriation Experience of American Companies: What Happened to 38 Companies [J]. Business Horizons, 1968, 11 (2).

[114] Rummel, R., Heenan, D. How Multinationals Analyze Political risks [J]. Harvard Business Review, 1978, 56: 67 - 76.

[115] Saini K G, Bates P S. A Survey of the Quantitative Approaches to Country Risk Analysis [J]. Journal of Banking & Finance, 1984, 8 (2).

[116] Simon J D. Political Risk assessment: Past Trends and Future Prospects [J]. Columbia Journal of World Business, 1982, 17 (3).

[117] Sethi D, Guisinger S E, Phelan S E, et al. Trends in Foreign Direct Investment Flows: a Theoretical and Empirical Analysis [J]. Journal of International Business Studies, 2003, 34 (4): 315 - 326.

[118] Srikanth D. Non - traditional Security Threats in the 21st Century: A Review [J]. International Journal of Development and Conflict, 2014, 4.

[119] Teker D, Pala A, Kent O. Determination of Sovereign Rating: Factor Based Ordered Probit Models for Panel Data Analysis Modelling Framework [J]. International Journal of Economics and Financial Issues, 2013, 3 (1): 122 - 132.

［120］Thomas D E, Grosse R. Country – of – origin Determinants of Foreign Direct investment in an Emerging Market：the Case of Mexico ［J］. Journal of International Management, 2001, 7（1）：59 – 79.

［121］Wheeler D, Mody A. International Investment Location Decisions：The Case of U. S. Firms ［J］. 1992, 33（1 – 2）：0 – 76.

［122］Woodward D P, Rolfe R J. The Location of Export – Oriented Foreign Direct Investment in the Caribbean Basin ［J］. Journal of International Business Studies, 1993, 24（1）：121 – 144.

［123］Yang Y, Li J, Sun X, et al. Measuring External Oil Supply Risk：A Modified Diversification Index with Country Risk and Potential Oil Exports ［J］. Energy, 2014.

［124］Younkyoo Kim, Stephen Blank. Non – Traditional Security （NTS）in Central Asia ［J］. Korean Journal of International Studies, 2012, 10.